FACULTÉ DE DROIT DE BORDEAUX

DROIT ROMAIN

DE LA CESSION DES CRÉANCES

DROIT FRANÇAIS

DE LA SUBROGATION

A L'HYPOTHÈQUE LÉGALE DE LA FEMME MARIÉE

THÈSE DE DOCTORAT

soutenue le 30 juillet 1874

PAR

VICTOR SAINTBLANCARD

AVOCAT A LA COUR D'APPEL DE BORDEAUX

BORDEAUX

IMPRIMERIE DE J. DELMAS

Rue Sainte-Catherine, 159

1874

DROIT ROMAIN

DE LA CESSION DES CRÉANCES

DROIT FRANÇAIS

DE LA SUBROGATION

A L'HYPOTHÈQUE LÉGALE DE LA FEMME MARIÉE

THÈSE DE DOCTORAT

soutenue le 30 juillet 1874

PAR

VICTOR SAINTBLANCARD

AVOCAT A LA COUR D'APPEL DE BORDEAUX

BORDEAUX

IMPRIMERIE DE J. DELMAS

Rue Sainte-Catherine, 159

1874

FACULTÉ DE DROIT DE BORDEAUX

PROFESSEURS :

MM. Couraud ✻, doyen, officier de l'Instruction publique, professeur de Droit romain,

Baudry-Lacantinerie, professeur de Droit civil.

Ribéreau, professeur de Droit commercial.

Saignat, professeur de Droit civil.

Barckhausen, professeur de Droit administratif.

Deloynes, professeur de Droit civil.

Lanusse, professeur de Droit romain.

Vigneaux, profess' de Procédure civile et de Droit criminel.

Lecoq, agrégé, chargé du cours de Droit maritime.

Levillain, agrégé, chargé du cours d'Histoire du Droit.

Marandout, agrégé, chargé du cours de Procédure civile.

MM. Ravier, officier d'Académie, secrétaire agent-comptable.

Patron, étudiant en droit, sous-secrétaire.

Cuq (Édouard), docteur en droit, bibliothécaire.

COMMISSION DE LA THÈSE.

Président . . . . M. Lanusse.

Suffragants . . . . . {
M. Deloynes.
M. Vigneaux.
M. Marandout.
M. Gide.

A MON PÈRE — A MA MÈRE

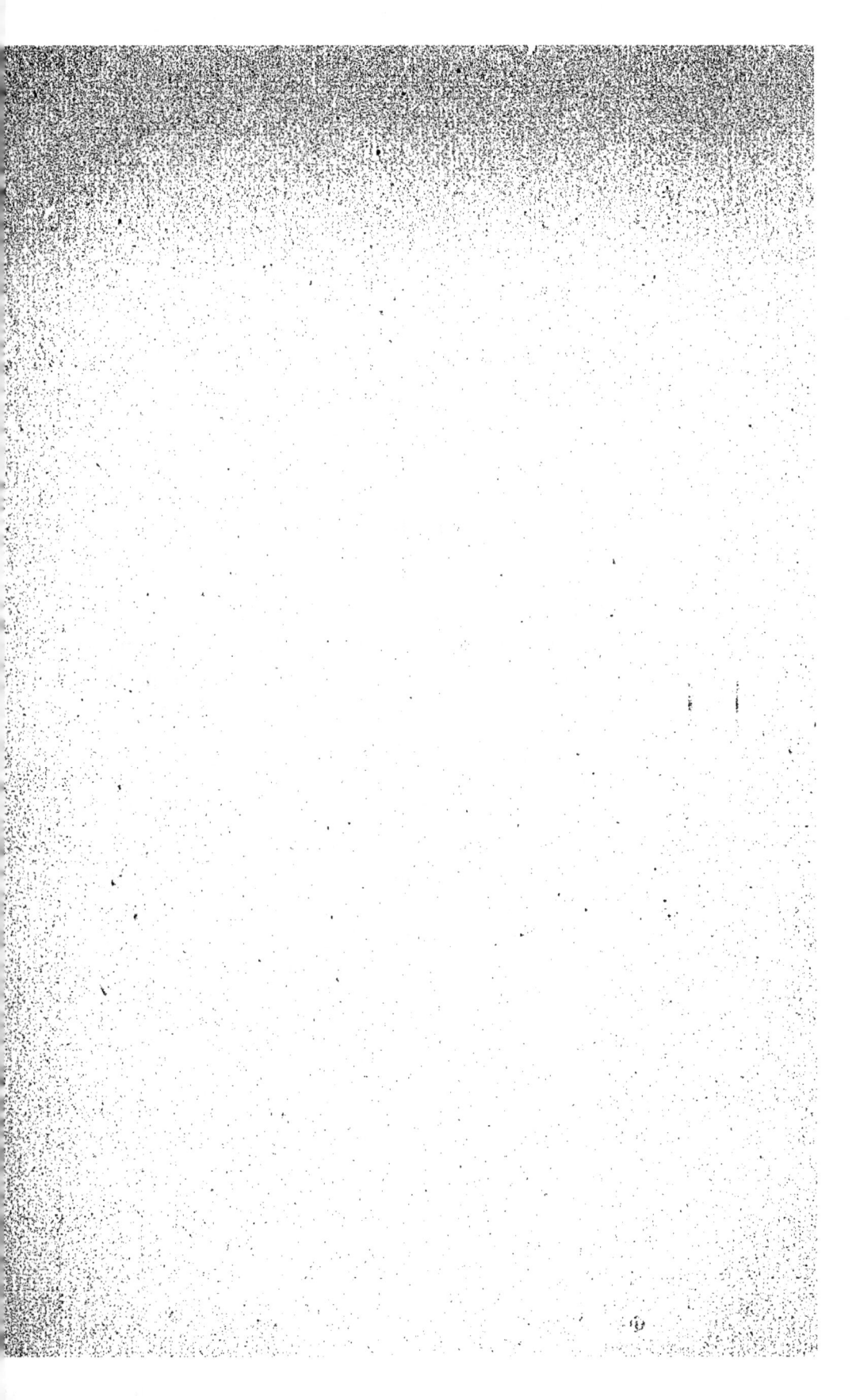

DROIT ROMAIN

DE LA CESSION DES CRÉANCES

INTRODUCTION.

1. L'obligation est en général pour les Romains le rapport qui existe entre un créancier et son débiteur ; il est probable que, dans la langue du droit, le mot *obligation* a désigné d'abord l'acte ou l'événement qui fait naître entre deux personnes déterminées ce rapport consistant en ce que l'une est tenue de rendre à l'autre un certain service ; puis il a désigné le rapport lui-même, c'est-à-dire l'effet produit et non plus la cause productrice. On est arrivé ainsi à la définition donnée par Justinien : *Obligatio est vinculum juris quo necessitate adstringimur alicujus solvendæ rei, secundum nostræ civitatis jura* (1). Dans son sens propre et originaire, l'obligation indique qu'une personne est liée ; et en passant dans la langue du droit, le mot a pris une acception métaphysique : une personne est liée en ce sens qu'on peut exiger d'elle un service que, de droit commun, un homme ne peut pas exiger d'un autre homme.

2. Quelquefois, dans un sens plus restreint, l'obligation est le rapport considéré spécialement au point de vue actif du côté du créancier ; c'est ainsi qu'on l'énumère parmi les choses incorporelles (2) ; c'est alors la créance, le droit de créance, souvent appelé

(1) Institutes, III, 13.
(2) Institutes, II, 2, 8.

1

nomen; le sujet qui en jouit est le créancier; ou bien, l'obligation est le rapport considéré au point de vue passif, du côté du débiteur; c'est alors la dette : le sujet qui en souffre est le débiteur; ainsi on dit : *suscipere obligationem*, pour contracter une dette, devenir débiteur. Nous trouvons donc comme éléments essentiels pour constituer un droit personnel : deux sujets, l'un actif, le créancier; l'autre passif, le débiteur; et un objet du droit; on voit quelle liaison intime rapproche ces deux personnes : le débiteur est lié, attaché au créancier, se trouve momentanément dans une sorte de dépendance par rapport à lui jusqu'à l'exécution de l'obligation; le *vinculum juris* nous les montre sous ce rapport inséparables jusqu'à la *solutio*, le paiement de l'obligation, de la dette. Lorsqu'on demande par conséquent si l'on peut céder une créance, on veut savoir si ce lien si étroit entre le débiteur et le créancier peut être brisé autrement que par le paiement; si le débiteur étant toujours obligé, il peut être lié à une autre personne, à un autre créancier, de la même manière qu'il l'était au premier.

3. On peut envisager les rapports qui existent entre le créancier et le débiteur, soit comme devant aboutir en définitive à une prestation destinée à enrichir le patrimoine du créancier au détriment de celui du débiteur, soit comme une relation toute personnelle établie entre eux, et décider alors, suivant qu'on se place à l'un ou à l'autre point de vue, que le droit est ou n'est pas transmissible; car, si on ne voit que le but de l'obligation, l'avantage qui doit en résulter, peu importe qui profitera en définitive de la créance, pourvu que la position du débiteur ne soit pas modifiée par le transport du droit; tandis que si on veut voir seulement dans l'obligation le rapport qui existe entre le créancier et le débiteur, on dira que le débiteur a bien voulu se lier envers une personne déterminée, mais qu'il n'a pas entendu entrer, au gré de son créancier, dans des rapports juridiques avec toute personne qu'il lui plaira de choisir. Nous croyons fermement que, dans les premiers temps du droit romain, même pendant de longues années, cette dernière idée fut seule admise, la créance

fut considérée comme non transmissible. Plus tard, la procédure formulaire fournit un procédé assez ingénieux pour faire passer, sinon la créance elle-même, du moins le bénéfice de cette créance dans le patrimoine du cessionnaire, comme nous l'appelons aujourd'hui; mais la cession de créances, telle qu'elle existe dans notre droit français, a été toujours, à notre avis, inconnue dans le droit romain.

4. On a essayé de s'insurger contre cette doctrine, de combattre cette idée à peu près universellement admise, que la créance était inaliénable en droit romain; on a voulu démontrer, pour l'honneur des immortels jurisconsultes de la grande cité, que l'aliénabilité de la créance a dû être et a été admise et pratiquée à Rome comme elle l'est dans notre droit moderne; que la créance était aliénable comme un fonds de terre, mais par des moyens différents. On a mis d'abord en avant quelques raisons tirées de la nécessité de la transmission des créances et de son utilité pratique; la pratique universelle, a-t-on dit, a de tout temps infligé à la doctrine de l'inaliénabilité le plus éclatant démenti : partout les créances ont été transférées, et il ne pouvait en être autrement, car les obligations personnelles ont toujours été une grande portion du patrimoine, ce serait immobiliser une partie de la richesse publique que de les frapper elles-mêmes d'immobilité; les jurisconsultes ont cherché et trouvé des moyens propres à donner satisfaction aux besoins du commerce, en respectant les principes du droit civil; mais ils ont de plus reconnu et appliqué de bonne heure les principes du droit naturel d'après lesquels la créance est cessible.

5. Cette assertion doit sembler quelque peu singulière à ceux qui connaissent les origines de Rome, la composition de la société romaine, les mœurs primitives du peuple romain, les difficultés qu'il a dû combattre, et mieux encore la naissance du droit qui sert aujourd'hui d'étude et de modèle à toutes les grandes nations. Nous voyons au commencement ce peuple parqué dans un territoire d'une étendue très-peu considérable, ce peuple dont tous les citoyens sont armés pour la même cause,

c'est-à-dire la défense d'abord, puis l'agrandissement successif de ce territoire, nous le voyons divisé dès son origine en deux grandes classes : l'une, peu nombreuse, qui commande et par les fonctions qui lui sont réservées à elle seule, et par la fortune qui s'est accumulée entre quelques mains; l'autre, servile, et se plaçant forcément sous la protection de la première. Sa fortune mobilière est presque nulle, il n'emploie comme monnaie que de vils métaux; la richesse tout entière s'est réfugiée chez quelques grandes familles; le commerce n'existe pas pour lui, il n'en a pas encore besoin; les transactions ne s'opèrent que très-difficilement, environnées de formalités qui les étouffent à leur naissance; la propriété foncière est tout, elle est seule l'objet de quelque convoitise, c'est sur elle que se porte toute l'attention; on se demande certainement tout d'abord : comment devenir propriétaire, comment acquérir et transférer la propriété.

6. D'ailleurs, il s'opère bien peu de mutations de propriété, qui songerait dans une telle situation à acquérir ou à transmettre des créances ? Les créances, comme le reste de la fortune mobilière, sont peu nombreuses et sont à peu près toutes dans les mains de privilégiés qui tiennent le peuple sous leur domination, qui le nourrissent, qui le paient, et ont par ce moyen la liberté et même la vie de leurs débiteurs en leur pouvoir. Dans l'état actuel de notre législation, avec nos mœurs nouvelles, on comprend encore parfaitement qu'on aime mieux avoir des relations d'intérêt avec telle personne qu'avec telle autre, qu'on préfère être le débiteur d'une personne connue ou amie dont on ne craint pas les poursuites acharnées, avec laquelle on espère facilement s'arranger, dont on attend des accommodements et des facilités de paiement. Combien à plus forte raison les débiteurs romains devaient-ils avoir en considération de s'obliger envers telle ou telle personne, lorsqu'ils connaissaient le sort qui les attendait faute de paiement. Après la sentence rendue contre le débiteur, le demandeur n'est encore que créancier, mais il peut employer contre son obligé le procédé d'exécution connu sous le nom de *manûs injectio;* à partir de ce moment, le débiteur est

traité comme un esclave et ne peut plus agir en justice, il doit trouver un répondant solvable, un *vindex*, sinon il est *addictus* au créancier ; et faute de paiement dans les 60 jours, il subit une diminution de tête définitive, il devient tout à fait esclave, il est à la disposition du créancier, qui peut même le mettre à mort (1). On voit bien quel intérêt on pouvait avoir à choisir son créancier, et nous ne croyons pas que le débiteur ait eu l'intention de permettre au créancier de se substituer un tiers, alors que les conséquences de l'inexécution de l'obligation étaient si terribles ; nous aimons mieux admettre qu'on contractait surtout *intuitu personæ*, sachant que rien ne serait plus tard changé à la situation.

7. Mais, par suite des conquêtes du peuple romain, son territoire s'agrandit peu à peu et arrive à comprendre l'Italie tout entière. Les communications deviennent plus faciles, les relations s'étendent entre les nations vaincues et le vainqueur, les rapports juridiques entre citoyens se multiplient ; on a trouvé des moyens assez simples et sûrs de transférer la propriété ; on a besoin d'inventer des procédés pour transférer les créances, et comme on ne peut leur appliquer aucun des modes d'aliénation usités pour les choses corporelles, comme on ne comprend pas la possibilité de rompre ce lien de droit qui unit si intimement le débiteur et le créancier, on cherche le moyen d'éteindre la première obligation et d'en faire naître une seconde qui soit identique à la première, qui en soit la copie. Ce procédé, les jurisconsultes romains l'ont bientôt mis au jour et appliqué sous le nom de *novatio obligationis*, qui est la novation par changement de créancier.

8. On conserve le plus grand respect pour le lien de droit ; l'obligation est toute personnelle, elle unit deux personnes déterminées ; une de ces personnes ne peut modifier le rapport qui existe entre elles ; un des termes de l'obligation venant à changer, on n'a plus la même relation, le même lien de droit ; l'obli-

(1) Gaius, IV, 21. — Loi des XII Tables. — Aulu Gelle, *Nuits Attiques*, XX, 1.

gation se dissout, on a une obligation nouvelle. Mais, dit-on, dans le cas de transmission des créances à titre universel, on trouve bien une troisième personne qui vient prendre la place du créancier primitif : l'héritier succède aux créances du *de cujus* comme à tous ses autres biens (1). C'est qu'ici il n'y a pas réellement transmission des créances, il n'y a pas une troisième personne ; il y a seulement continuation du créancier primitif, le défunt est censé se survivre à lui-même, revivre dans la personne de son héritier, ne faire qu'un avec lui ; les créances n'ont pas changé de titulaire. Cette fiction, ajoute-t-on, n'est pas applicable en cas d'adrogation ; l'adrogeant est aussi un successeur universel, et nul ne prétendra que s'il acquiert les créances de l'adrogé, c'est comme continuateur de sa personne ; par la *minutio capitis*, la personne de l'adrogé est détruite, anéantie. Les jurisconsultes ont expliqué cet effet par la fiction suivante : « L'adrogeant ne continue pas certainement la personne de l'adrogé, mais l'adrogé est supposé avoir été, au moment où il a acquis la créance, sous la puissance paternelle de l'adrogeant, qui est censé avoir toujours été propriétaire de la créance, l'avoir acquise lui-même (2). »

9. Pourquoi, demande-t-on, ne pouvait-on pas céder le droit de créance comme on cédait le droit de propriété ? Le droit de créance est un rapport entre deux personnes, comme le droit de propriété est un rapport entre une personne et une chose ; si la personne du créancier ne peut changer sans que le rapport soit rompu, la personne du propriétaire ne peut changer davantage sans produire le même effet ; toute aliénation suppose la rupture d'un certain rapport juridique et la formation d'un rapport juridique nouveau ; quand le changement peut se produire sans que l'objet du droit soit changé, le droit est aliénable ; or, quel est l'objet d'une créance ? de l'argent, rien que de l'argent ; toute créance peut être ramenée à une somme d'argent, cela est vrai en droit français, c'était encore plus vrai en droit romain :

(1) C., 8, 32 ; 1.
(2) D., I., 7 ; 15. — 15, 1 ; 42.

« Ea in obligatióne consistere quæ pecuniâ lui præstarique possunt (1) ; omnium formularum quæ condemnationem habent
ad pecuniariam æstimationem condemnatio conceptâ est. »
Or, tout droit pécuniaire est aliénable, l'argent, par sa nature
même, étant un agent de circulation.

10. Nous admettons parfaitement ce raisonnement et nous le re-
connaissons très-applicable à notre droit actuel ; mais la question
n'est pas là, il s'agit simplement de savoir si les jurisconsultes
romains ont connu la cession des créances comme elle existe et
comme elle doit exister. Pour nous, ils ne l'ont pas connue, partant de l'idée que le lien de droit né de l'obligation peut se bri-
ser, mais ne peut pas changer de sujets sans être rompu. Alors,
nous dit-on, les jurisconsultes n'ont pas su comprendre les besoins du commerce, ou de leur temps ces besoins étaient tout
différents de ce qu'ils sont aujourd'hui ; leur doctrine est sur ce
point fausse ou surannée, et, dans aucun cas, elle ne doit former
la base de l'enseignement actuel. Nous avons montré, en effet,
comment s'est formée l'idée de l'inaliénabilité des créances,
comment elle a persisté même lorsque ce principe dut être combattu par la pratique ; on étudie le droit romain tant au point
de vue historique qu'au point de vue de l'application qu'ont pu
en faire les lois modernes ; il ne faut pas demander à l'enfance
du droit des principes aussi sûrement établis que ceux qu'il a
fournis quand il s'est développé et est arrivé dans toute sa force ;
il faut savoir gré, au contraire, à ces jurisconsultes infatigables
et grands même dans leurs erreurs, d'avoir préparé peu à peu
les voies à un progrès qui fut l'œuvre du temps, et de ceux qui
les ont étudiés en les admirant.

11. Dans le deuxième livre des Institutes, depuis le § 18 jusqu'au § 37, Gaius traite de l'aliénation des choses corporelles et
incorporelles, de ses différentes formes ; arrivé aux créances,
après avoir cité comme modes d'aliénation : la tradition, la
mancipation, la cession en justice, il dit : « Obligationes quoquo

(1) D., XL, 7 ; 9, § 2.

modo contractæ nihil eorum recipiunt; nam quod mihi ab aliquo debetur id si velim tibi deberi, nullo eorum modo quibus res corporales ad alium transferuntur id efficere possumus, sed opus est ut, jubente me, tu ab eo stipuleris; quæ res efficit ut a me liberetur et incipiat tibi teneri; quæ dicitur novatio obligationis. — Sine hâc vero novatione, non poteris tuo nomine agere; sed debes ex personâ meâ, quasi cognitor aut procurator meus, experiri (1). » Comment, demande-t-il, devrai-je m'y prendre pour que ma créance devienne la vôtre? je ne pourrai opérer ce transfert par aucun des modes usités pour transférer les choses corporelles, mais il faudra que sur mon ordre, vous stipuliez de mon débiteur, ou que vous le poursuiviez en justice à ma place : deux moyens pour transférer la créance : la novation, la *procuratio in rem suam*. Peut-on réellement, d'après Gaius, dire que ces deux opérations sont des modes de transmission des créances? C'est ce que nous allons examiner dans deux chapitres.

(1) Gaius, Comm. II, §§ 38 et 39.

CHAPITRE PREMIER.

De la novation par changement de créancier.

———

12. « Novatio, dit Ulpien, est prioris debiti in aliam obligationem transfusio atque translatio, hoc est, cum ex præcedenti
causâ ita nova constituatur ut prior perimatur. Novatio enim
a novo nomen accepit, et a novâ obligatione (1). » « La novation,
dit Pothier, est la substitution d'une dette nouvelle à une ancienne
dette. » « La novation, dit l'article 1271 du Code civil, s'opère
de trois manières : quand une nouvelle dette est substituée à
l'ancienne, laquelle est éteinte ; quand un nouveau débiteur est
substitué à l'ancien, qui est déchargé ; quand, par l'effet d'un nouvel engagement, un nouveau créancier est substitué à l'ancien,
envers lequel le débiteur se trouve déchargé ; c'est-à-dire par
changement d'objet, par changement de débiteur, par changement de créancier. » Il nous paraît difficile de trouver aux trois
époques principales de l'histoire du droit, trois définitions qui
diffèrent moins entre elles et qui forment un concert mieux as-
sorti. Toute personne qui lira ces mots d'Ulpien : *novatio a novo
nomen accepit et a novâ obligatione*, ne pourra s'empêcher d'a-
vouer que ce jurisconsulte voyait dans la novation quelque chose
de nouveau, et la création d'une nouvelle obligation.

13. Tout le monde n'est pas de cet avis, et il s'est trouvé
des auteurs pour affirmer et essayer de prouver qu'Ulpien ne
voyait nullement dans la novation la création d'une nouvelle obligation, que chez les Romains la novation n'était pas du tout ce
qu'elle est aujourd'hui ; et que la différence y est si nettement
accusée, qu'on peut s'étonner de la voir encore méconnue (2).
Nous ne nous occuperons ici que de la novation par changement

(1) D., 46, 2 ; 1.
(2) M. Gide, *Revue de Législation ancienne et moderne*, année 1874.

de créancier, la seule qui ait rapport à notre sujet, et qui ait été employée en droit romain pour suppléer aux modes d'aliéner les créances, qui lui manquaient. Pour nous la novation est restée en droit français ce qu'elle était en droit romain, où elle servait pour la cession des créances; mais comme la cession des créances n'est plus en droit français ce qu'elle était en droit romain, il se trouve que dans notre droit la novation par changement de créancier se distingue de la cession des créances, en ce que, par la novation, il y a nouvelle créance substituée à l'ancienne, avec extinction de tous les accessoires qui la garantissaient, et que, dans la cession de créance, c'est la même créance qui passe au cessionnaire telle qu'elle était dans la personne du cédant, avec tous ses accessoires.

14. Les auteurs qui professent sur la novation romaine une opinion différente de la nôtre font abstraction d'une partie de la définition et ne retiennent que ces mots : *transfusio* et *translatio*, expressions qu'il est difficile de rendre en français, et qu'ils expliquent ainsi : l'ancienne obligation est comme fondue et rentre, passe dans l'obligation nouvelle; la forme est changée, le fond est resté le même; il n'y a qu'une chose de nouvelle : la forme; c'est l'ancienne obligation sous un nouvel aspect. Nous expliquons ces deux mots par l'expression *changement*, qui nous paraît marcher parfaitement d'accord avec le reste de la définition et avec le sens du mot latin *trans-latio trans-fusio*. Gaïus entend certainement le mot *translatio* comme nous venons de l'expliquer; c'est pour nous nier l'évidence que de ne pas voir dans son paragraphe sur la novation cette idée répétée deux fois, l'ancienne obligation est éteinte : « Novatione tollitur obligatio; veluti si quod tu mihi debeas a Titio dari stipulatus sim. Nam interventu novæ personæ nova nascitur obligatio et prima tollitur translata in posteriorem. » Que veut dire *tollitur*, sinon éteinte, anéantie, et la preuve, c'est la phrase suivante : « Adeo ut interdum, licet posterior stipulatio inutilis sit, tamen prima novationis jure tollatur (1). » Peut-on mieux expliquer l'effet extinctif de la novation?

_____

(1) Gaïus, Comm. III; § 176.

15. La novation par changement de créancier s'opère au moyen d'une stipultation : *opus est ut, jubente me, tu ab eo stipuleris ;* Gaius suppose qu'un créancier, voulant que son débiteur soit obligé envers une autre personne, ordonne à cette personne de stipuler du débiteur ce qu'il lui doit; la stipulation faite par le tiers et acceptée par le débiteur, entraîne l'extinction de la première obligation et la création d'une nouvelle pour le montant de la stipulation, qui sera le même que le montant de la créance. Cette novation s'opère donc par la stipulation de ce qui est dû, *stipulatio debiti.* Or, nous dit-on, pour expliquer les définitions ci-dessus rapportées, on voit bien qu'entre l'obligation qui s'éteint et celle qui prend naissance, il y a quelque chose de commun : l'objet, le *debitum*, qui passe de l'une à l'autre; de telle sorte qu'on peut dire qu'il y a à la fois extinction de la première obligation et transfert de son objet dans la seconde par la stipulation; la novation suppose la persistance de l'objet, et le changement de la personne seule; la créance acquise étant conforme à la première, il y a cession dans le vrai sens du mot : ce qui est dû au cessionnaire, le *debitum*, est bien ce qui était dû au cédant.

16. De deux choses l'une : ou bien la novation laisse subsister la première obligation, et alors il y en a deux, la première est bien annulée par la seconde, mais elles subsistent en même temps; ou bien la novation a un effet radical et éteint complètement la première obligation, la seconde créée par la stipulation n'a rien de commun avec celle-ci, car on ne peut pas dire qu'il y ait relation entre deux créances par cela seul qu'elles sont toutes les deux de la même somme; cette dernière opinion est la nôtre. Nous ne comprenons pas que cette abstraction, nommée *debitum*, puisse voyager d'une obligation à une autre; lorsqu'une seconde obligation ne peut se former qu'après l'extinction complète de la première, *prima tollitur*, comment peut-on emprunter quelque chose à celle-ci pour donner à celle-là, et comment cet objet emprunté fait-il vivre une obligation éteinte; les jurisconsultes romains, si logiques, ont-ils pu avoir et exprimer une semblable idée?

17. Malgré toutes les subtilités qu'on pourra imaginer, on n'empêchera pas ce résultat de la novation : lorsqu'on stipule du débiteur, on n'acquiert pas la créance primitive, mais une créance semblable; cette créance nouvelle, ce n'est pas du créancier, mais du débiteur, qu'on la tient. Ce qui le prouve, c'est que le débiteur pourrait bien promettre la même chose qu'il doit déjà, tout en restant obligé envers le créancier : *sæpius eadem res deberi potest*, et on voit éclater ici la différence entre le droit de créance et le droit de propriété, droit exclusif; il ne peut pas y avoir deux propriétaires de la même chose (1). Ce qui montre aussi clairement que possible que la créance acquise par la stipulation est une créance nouvelle, c'est que précisément elle a sa source dans la stipulation et ne remonte pas au-delà, c'est que cette créance sera une créance *ex stipulatu*, tandis que l'autre était peut-être une créance de vente ou de louage. On ne peut se contenter de répondre à cela qu'il n'y a là que des différences de formes, et qu'au fond c'est absolument la même chose; on n'obtiendra pas par une action de bonne foi ce qu'on obtiendra par une action de droit strict. Le débiteur n'a pas voulu s'obliger à nouveau, c'est-à-dire plus qu'il ne l'était; il s'est obligé de la même façon envers un autre, il a donc voulu que la première obligation fût éteinte.

18. D'après ce que nous venons de dire sur le caractère de la novation, il est facile d'apercevoir les inconvénients considérables que présentait ce mode d'aliénation des créances; la novation était un moyen bien défectueux de suppléer à la cession des créances; d'abord, elle nécessitait la présence et l'intervention du débiteur; cette intervention n'était pas une vaine solennité, elle avait son utilité pratique : il importe à un débiteur de savoir à qui il a affaire, de savoir quel est celui dont il peut redouter des poursuites, espérer des remises et des délais; aussi le débiteur était-il complétement libre de refuser le changement de créancier, s'il n'y donnait pas son consentement, c'est-à-dire s'il ne répondait pas à la stipulation, la novation ne pouvait s'opérer;

(1) D., 44, 2; 14, § 2; *neque enim amplius quam semel res mea esse potest; sæpius autem deberi potest.*

c'est de là que lui est venu le nom de novation volontaire. Le débiteur pouvait du reste hésiter souvent à répondre à la *stipulatio*, car s'il ne prenait pas parfaitement le soin d'indiquer que c'était dans l'intention de nover, il se trouvait avoir deux créanciers au lieu d'un; dans l'ancien droit, il ne peut y avoir novation qui si les parties y ont consenti : *hoc quidem inter veteres constabat tunc fieri novationem cùm novandi animo in secundam obligationem itum fuerat;* seulement, il faut rechercher en fait, d'après les circonstances, si cet *animus novandi* a ou non existé : de là de graves difficultés et un vrai danger pour le débiteur; ce n'est que bien plus tard que Justinien a décidé la question : désormais il n'y aura novation que là où les parties ont exprimé leur volonté de nover, de sorte qu'à défaut de cette expression de volonté, l'ancienne obligation continuera de subsister à côté de la nouvelle.

19. Une autre conséquence de la novation bien plus grave est de détruire, par l'extinction de la première obligation, les sûretés qui pouvaient garantir le paiement de la créance. Tous les accessoires de la créance tombent avec elle: le créancier primitif avait-il stipulé des garanties, gages, hypothèques, intérêts, la créance était-elle accompagnée d'une *stipulatio pœnæ* ou d'une mise en demeure, tout est perdu pour le second créancier, tel est l'effet nécessaire de la novation. Mais rien n'empêche le créancier nouveau de stipuler de son débiteur les mêmes garanties que celles qui accompagnaient la créance novée; c'est ce qu'exprime parfaitement Ulpien : *Novata autem debiti obligatio pignus perimit, nisi convenit ut repetatur;* c'est la même idée que les rédacteurs du Code ont reproduite, article 1278: les priviléges et hypothèques de l'ancienne créance ne passent point à celle qui lui est substituée, à moins que le créancier ne les ait expressément réservés. Les parties peuvent, par une clause expresse, détacher de la créance qu'elles éteignent les garanties qui en assuraient le paiement, mais ces garanties ont, à l'égard des tiers, les mêmes effets que si elles adhéraient encore à l'ancienne dette (1). Pa-

(1) Dig., 13, 7; 11, § 1.

pinien l'a très-bien fait remarquer : « Creditor, acceptis pignoribus quæ secundâ conventione secundus creditor accepit, novatione postea factâ pignora prioribus addidit : superioris temporis ordinem manere primo creditori placuit tanquam in suum locum succedenti (1). »

20. Mais du reste, pour que cette réserve de l'hypothèque et du gage soit possible, il faut qu'elle soit concomitante à la novation; Paul le dit formellement : « Si creditor a Sempronio novandi animo stipulatus esset, ita ut a primâ obligatione in universum discederetur : rursum easdem res a posteriore debitore sine consensu prioris obligari non posse (2). » Dans le cas d'une novation par changement de débiteur, si le créancier n'a fait aucune réserve, il ne pourra plus tard obtenir les sûretés de sa première créance pour la seconde sans le consentement du premier débiteur; la conservation du gage doit toujours être concomitante avec la novation.

21. Une autre conséquence également grave de l'extinction de l'obligation par la novation est la perte pour le débiteur du droit d'opposer au nouveau créancier les exceptions qu'il aurait pu opposer à l'ancien. Paul, après avoir dit que la novation éteint les hypothèques et le gage, arrête le cours des intérêts, continue ainsi : « Doli exceptio quæ poterat deleganti opponi, cessat in personâ creditoris cui quis delegatus est, etc. » Paul s'occupe ici de la novation par changement de débiteur, le délégué ne peut opposer au délégataire les exceptions qu'il pouvait opposer au délégant; mais qu'il y ait changement de créancier ou de débiteur, l'effet de la novation est toujours le même quant aux exceptions (3). Il est vrai qu'on oppose à cette loi deux autres textes qui semblent dire parfaitement le contraire du texte de Paul, ce qui prouve que la question devait déjà être discutée par les jurisconsultes eux-mêmes; Paul prétend que l'exception du S.-C. Macédonien n'est pas opposable au délégataire, et Ulpien dit tout le contraire; on a proposé des conciliations, des

(1) Dig., 20, 4; 3 pr.
(2) Dig., 46, 2; 30.
(3) Dig., 46, 2; 18 et 19.

distinctions, qui peuvent avoir beaucoup de mérite, mais que nous ne reproduirons pas ici, notre étude n'ayant rien à y gagner.

22. Nous connaissons suffisamment la novation pour la distinguer d'une autre opération avec laquelle on l'a souvent confondue, la délégation ; la cause de cette confusion vient de ce que cette expression est susceptible de deux sens différents qu'il faut soigneusement établir pour éviter de grandes erreurs. Dans son sens juridique et technique, *delegatio* veut dire mandat ; *delegare*, donner mandat ; *delegare aliquem* signifie assigner quelqu'un pour une prestation à fournir, et est synonyme de *mandare, jubere*, donner à quelqu'un le mandat, l'ordre de faire une prestation à un tiers ; c'est ainsi qu'on l'emploie souvent, comme nous venons de le voir pour opérer une novation par changement de débiteur, c'est là son principal but : *delegare debitorem*, le débiteur délègue un tiers à son créancier. Dans un sens dérivé plutôt que contraire, *delegare* signifie transporter, confier ; *delegare aliquid alicui*, comme *mandare, committere*, est employé habituellement dans ce sens par les écrivains romains, autres que les jurisconsultes, par les glossateurs : *delegare tutelam, arbitrium, jurisdictionem ; delegare nomen, actionem.* Nous verrons plus tard que la *delegatio actionis* était la désignation d'un *procurator in rem suam*, usitée chez les Romains pour suppléer à la cession de créances qui leur manquait. Mais, pour le moment, nous voulons faire remarquer que la délégation n'a pas de rapports avec la novation par changement de créancier ; certainement, à la suite d'une délégation, il pourra, dans certains cas, se produire une novation par changement de créancier, mais ce n'est pas la *delegatio* qui produira la novation, c'est toujours la stipulation. Ainsi, Primus doit 100 à Secundus, Tertius doit 100 à Primus ; Primus délègue son débiteur à Secundus, c'est-à-dire qu'il donne à Tertius l'ordre d'aller promettre à Secundus les 100 qu'il lui doit. Il faudra pour cela que Secundus stipule de Tertius les 100 que lui doit Primus ; il y aura par contre-coup novation par changement de créancier, et novation par changement de débiteur ; les deux premières

obligations seront complétement éteintes ; mais en même temps la novation en aura fait naître une autre entre Secundus et Tertius par la stipulation. La délégation peut se faire par la stipulation comme la novation, mais la délégation n'entraîne pas novation, pas plus que la novation n'entraîne une délégation : ce sont deux idées tout à fait distinctes, qui peuvent seulement se trouver réunies dans certaines circonstances.

CHAPITRE DEUXIÈME.

De la « Procuratio in rem suam. »

——

23. Pour les personnes qui voient dans la novation une transformation plutôt qu'une extinction de la créance, ce mode de cession n'avait qu'un défaut, celui d'exiger le consentement du débiteur cédé; pour les personnes qui voient dans la novation l'extinction de la créance et la création d'une nouvelle, ce mode de procéder avait, outre l'inconvénient que nous venons de citer, celui d'éteindre avec la créance toutes les sûretés qui la garantissaient, toutes les exceptions que les parties auraient pu invoquer l'une contre l'autre. On comprit qu'il fallait remédier à ce funeste état de choses, et on chercha le moyen d'éviter d'aussi graves inconvénients. On le découvrit dans la *cognitio* et la *procuratio in rem suam;* ce fut la procédure formulaire qui vint au secours des jurisconsultes et leur fournit le procédé. Gaius nous dit : « Sine novatione, non poteris tuo nomine agere; sed debes ex persona mea quasi cognitor aut procurator meus experiri (1); » le résultat était donné par la *litis contestatio*.

24. A Rome, tout procès se décomposait en deux parties : l'une avait lieu devant le magistrat, *in jure;* l'autre devant le juge, *in judicio*. Sous le système formulaire, la procédure *in jure* avait pour but la rédaction et l'obtention d'une formule, dans laquelle le magistrat traçait au juge sa mission, en lui ordonnant d'examiner et de résoudre la question litigieuse. La formule rédigée, il la délivrait au demandeur, son rôle était terminé; la procédure se continuait devant le juge, *in judicio*. La procédure *in jure* se terminait par la *litis contestatio*, expression qui se rattache au très-ancien droit; les parties prenaient l'auditoire à

---

(1) Gaius, Comm. II, § 39.

2

témoin de ce qui s'était passé devant le magistrat, et spécialement de ce qui avait été prétendu de part et d'autre. Sous le
système formulaire, l'expression est conservée, mais le fait est
supprimé, on ne prononce plus le : *Testes estote; * la *litis contestatio* n'est qu'un effet obligé de la délivrance de la formule, elle
s'opère *cum judicium accipitur*, après que le *judicium ordinatum
est.* C'est ce qui résulte d'un fragment de Festus : « Contestari litem dicuntur duo aut plures adversarii, quod ordinato judicio,
utraque pars dicere solet : testes estote, » et d'une constitution de
Sévère et Antonin, qui paraît contraire : « Lis contestata videtur,
cum judex per narrationem negotii causam audire cœperit; » cette
constitution s'appliqua d'abord à des cas particuliers où l'on pro-
cédait *extra ordinem*; il n'y avait plus depuis longtemps de *litis
contestatio*, mais les empereurs décident que les effets attachés
ordinairement à la *litis contestatio* se produisent ici après que le
magistrat qui est en même temps le *judex* aura commencé à entendre l'affaire. La constitution faite pour des cas exceptionnels, s'est
trouvée applicable, quand on eut cessé de plaider par formules,
à tous les cas (1).

25. Les effets de la *litis contestatio* sont très-remarquables.
Après elle, le procès peut se continuer tant en l'absence qu'en
la présence du défendeur ; le juge doit se placer à ce moment
pour voir si la demande est fondée, tout doit être réglé comme
si la sentence était rendue quand les parties sont renvoyées
devant le juge ; enfin, elle éteint *ipso jure* ou *exceptionis ope* le
droit d'action du demandeur : *bis de eâdem re agi non potest.* La
litis contestatio éteint le droit déduit en justice; entraîne-t-elle
novation et produit-elle les mêmes effets que la novation ? On a
dit que le droit, en s'éteignant, donnait naissance à un autre
droit, dont Gaius parle en ces termes : « Ante litem contestatam
dare reum oportere; post litem contestatam condemnari oportere ; post condemnationem judicatum facere oportere (2). »
De là est sorti ce que les auteurs ont appelé la *novation nécessaire*, par opposition à la *novation volontaire* qui

(1) Dig., 5, 1; 59 pr.; 2i, 1; 25, § 8; C., 3, 9; 1.
(2) Gaius, III, §§ 180-181.

repose sur la volonté des parties ; cet effet ne peut évidemment
se produire qu'autant que ces trois conditions concourent : il
faut qu'il s'agisse d'un droit d'obligation, déduit dans une formule *in jus*, et intenté par un *judicium legitimum*.

26. Il est parfaitement vrai, disent d'autres auteurs, que la
litis contestatio éteint l'obligation déduite en justice, et si les
parties veulent utiliser cet effet extinctif de la *litis contestatio*
pour faire une novation par changement de créancier, elles le
peuvent très-bien (1). Mais voir une novation nécessaire dans
l'extinction qu'entraîne la *litis contestatio*, c'est vouloir réformer
la langue des jurisconsultes romains, donner arbitrairement et
sans aucune utilité au mot *novatio* un sens qu'ils n'ont jamais
songé à lui donner, eux pour qui *l'animus novandi* est la condition essentielle et indispensable de toute novation. Ulpien et
Paul établissent des différences considérables entre la novation
et la *litis contestatio* (2). Cette distinction permet de donner son
véritable sens à un fragment de Paul : *lite contestatâ usuræ currunt* (3), qui ne signifie pas que la *litis contestatio* fait courir les
intérêts ; il suffit pour atteindre ce but de la mise en demeure ;
sauf les cas où un acte du créancier ne pourrait les faire courir.
Il signifie que si une obligation productive d'intérêts est *deducta
in judicium*, les intérêts ne cessent pas pour cela de courir ;
tandis qu'au contraire la novation arrête immédiatement le cours
des intérêts ; la loi citée a été extraite du même passage de Paul
que la loi suivante : *Novatione legitime factâ, usuræ non
currunt* (4) (Paul, lib. 57, *ad edictum*). Le jurisconsulte a donc
bien voulu établir une différence formelle entre la novation et la
litis contestatio.

27. Ce qu'il importe surtout de remarquer ici, c'est qu'on
pouvait se servir de la *litis contestatio* pour opérer une novation
par changement de créancier, comme nous venons de le dire ;
mais alors on retrouvait les effets et les inconvénients que nous

(1) D., 46, 2 ; 11 , § 1 ; Fragm. Vat., § 263.
(2) D., 13, 7 ; 11 pr. et § 1 ; 46, 2 ; 29.
(3) D., 22, 1 ; 35.
(4) D., 46, 2 ; 18.

avons cités. La formule vint changer cet état de choses : sous le système des actions de la loi, on admet ce principe que personne ne peut plaider par autrui : *nemo alieno nomine agere potest ;* sauf, *pro populo et libertate, pro tutelâ* (1) ; *pro captivis et absentibus, pro peregrinis* (2). La transformation de la procédure au VI⁰ siècle de Rome permit de constituer un représentant dans un procès : On peut plaider, dit Gaïus, comme *cognitor, procurator, tutor, curator* (3). Toutes les fois qu'une personne plaide *alieno nomine,* cette intervention entraîne une modification dans la formule : *qui alieno nomine agit intentionem quidem ex personâ domini sumit, condemnationem autem in suam personam convertit; nam si Lucius Titius pro Publio Mœvio agat, formula concipitur : si paret N. N. Publio Mœvio sestertium X millia dare oportere, judex N. N. Lucio Titio sestertium X millia condemna ; si non paret, absolve* (4); l'*intentio* est rédigée au nom du *dominus* de la créance, la *condemnatio* au nom du représentant qui agit comme demandeur pour le *dominus.*

28. Les représentants ainsi admis à plaider sont de deux espèces : le *cognitor* et le *procurator.* Gaïus nous enseigne la manière dont on les constituait, et les différences qui existaient entre eux. Le mode de constitution n'est pas le même; la constitution du *cognitor* n'a pas les mêmes effets que celle du *procurator.* 1° Le *cognitor* est constitué de vive voix, au moyen de paroles solennelles, *certis verbis,* en présence de l'adversaire ; il n'est pas nécessaire que le *cognitor* lui-même soit présent au moment de la constitution ; mais s'il est absent, il ne devient *cognitor* qu'autant qu'il aura connu et accepté la mission dont il aura été chargé : *si cognoverit et susceperit officium cognitoris.* On retrouve ici tout le formalisme rigoureux de la première époque du droit ; cependant les paroles à prononcer lors de la constitution ne sont pas tellement solennelles qu'on n'y puisse rien changer; on est moins sévère que sous les actions de la loi (5) ; cet

(1) Inst., IV, 10 pr.
(2) Cic., *in Cœlium,* n° 20.
(3) Gaïus, IV, §§ 82 et suiv.
(4) Gaïus, IV, § 86.
(5) Frag. Vat. §, 318, 320. Gaïus, IV, § 83.

acte est un *actus legitimus*, qui n'est pas plus susceptible de condition que la *mancipatio*, l'*acceptilatio*, l'*expensilatio*. Ce moyen de se faire représenter était assez gênant, il exigeait la présence du représenté et des paroles solennelles ; mais la confiance qu'il inspirait était grande, et les effets assez étendus : l'*actio judicati* était donnée au *dominus* et contre lui comme s'il eût plaidé lui-même ; mais ce même effet ne se produisait pas dans le cas où le représentant avait été fait *cognitor in rem suam*, il était alors réellement la partie intéressée, l'*actio judicati* était donnée à lui et contre lui.

20. 2° La constitution du *procurator* n'exige pas autant de formalités : pas de paroles solennelles, pas de forme obligée, même en l'absence et à l'insu de l'adversaire ; un simple mandat de représenter. Gaius dit même que, suivant certains auteurs, on peut considérer comme *procurator* celui qui n'a point de mandat, pourvu qu'il intervienne de bonne foi et qu'il garantisse *ratam rem dominum habiturum ;* le *procurator* sans pouvoir peut donc agir, car souvent l'existence du mandat est incertaine au début du procès et n'est démontrée que devant le juge. Le *procurator*, qui finit par remplacer complétement le *cognitor*, et que l'on retrouve seul sous Justinien, ne pouvait pas inspirer à l'adversaire, même avec la caution *de rato*, autant de confiance que le *cognitor ;* aussi sa constitution produisait-elle des effets moins étendus : c'est au *procurator* et contre lui, non au *dominus* et contre lui, qu'est donnée l'*actio judicati* (1) ; *interveniente procuratore judicati actio ex edicto perpetuo ipsi et in ipsum, non domino vel in dominum, competit.* Le *procurator* ne représentait donc pas le maître ; cependant les jurisconsultes finirent par admettre que là où la procuration est certaine, là où il s'agit du *procurator præsentis*, l'effet est le même que s'il y avait eu constitution du *cognitor ;* le *dominus* est censé pleinement représenté ; mais ce progrès du droit laissa subsister l'ancienne règle dans le cas où les parties ont voulu précisément donner l'action *judicati* au représentant et contre

(1) Fragm. Vat., § 317. Gaius, Comm. IV, §§ 97 et 98.

lui, toutes les fois qu'il s'agissait d'une *cognitio* ou *procuratio in rem suam*, avec dispense de rendre compte; puisque l'intention des parties était certainement de vouloir procurer au représentant le bénéfice de l'action.

30. Lorsque la représentation avait ainsi lieu d'une manière imparfaite, la *litis contestatio* opérait un changement dans la personne du créancier ou du débiteur; si c'est un créancier qui se fait représenter en justice, qui charge un tiers de recevoir du débiteur, on arrivera à l'application du système de la *procuratio* à la cession de créances. Il nous reste à déterminer les effets de la cession par *procuratio in rem suam*, ou plutôt du moyen détourné que les jurisconsultes ont imaginé pour remplacer ce qui leur manquait, le transport direct, et atteindre le but qu'ils ne pouvaient pas atteindre par les règles du droit civil.

31. La *litis contestatio* éteint la créance, en ce sens qu'une fois déduite en justice elle ne pourra plus être exercée; mais elle la laisse subsister comme droit à la condamnation du débiteur et conserve toutes les garanties et les avantages qui étaient joints au droit antérieur; l'exercice du droit ne peut, en effet, rendre la condition des parties ni meilleure ni pire; *neque deteriorem causam nostram facimus actionem exercentes*. Le *procurator in rem suam*, que nous appellerons le cessionnaire, qui exerce la créance au nom du cédant, d'après son mandat, mais dans son propre intérêt, avec dispense de rendre compte, c'est-à-dire avec le droit de conserver tout le profit qu'il en retirera, se trouve absolument dans la situation où se trouverait le cédant s'il agissait lui-même et fait valoir la créance avec tous ses accessoires; il n'y a même pas besoin, dans le cas de la *litis contestatio*, comme dans la novation, de réserver expressément les priviléges et hypothèques qui augmentent les sûretés du créancier; et la raison en est bien simple : le *procurator*, que nous avons appelé cessionnaire, n'a jamais été, en réalité, muni de la créance qu'il porte en justice; le vrai propriétaire, le seul créancier, celui qui exerce l'action pour le représentant, c'est le créancier primitif, le cédant; nous avons toujours la même créance, le même créancier; en fait, il est désintéressé, puisqu'il a renoncé au

profit; mais en droit, lui seul a un pouvoir sur le débiteur. Voilà la grande différence entre la cession des créances par novation et la cession par *procuratio* : la première éteint la créance primitive et en fait naître une seconde; la *procuratio* n'apporte aucun changement à la créance et aux rapports entre créancier et débiteur; la *litis contestatio* l'éteint, mais ne lui en substitue aucune autre, seulement elle a pour effet d'en transporter le profit à un tiers. On voit combien ces deux moyens, imaginés pour combler une lacune du droit, la *novatio* et la *litis contestatio*, sont également impuissants à transférer les créances, mais par des raisons tout à fait opposées : la novation détruit la créance, on ne peut plus parler de transport ; la *litis contestatio* ne peut rien transférer, puisqu'elle laisse la créance sur la tête du cédant; dans le premier cas, pas de transfert parce que tout est changé; dans le second, pas de transfert parce que rien n'est changé.

32. La cession des créances par la *procuratio* dans l'intérêt du cessionnaire ne produit son effet qu'après la *litis contestatio* ; ses avantages sont nombreux; ses effets sont : de dispenser le *procurator* de rendre compte, de rendre son mandat irrévocable après la *litis contestatio*, de lui permettre de continuer les poursuites malgré la mort du mandant, d'opposer en compensation la créance cédée (1), de céder lui-même la créance à un tiers en le constituant son *procurator* (2), de transmettre son droit à ses héritiers (3), de déférer au débiteur le serment extra-judiciaire (4) ; de se voir opposer une exception tirée de son dol, fût-il antérieur à la *litis contestatio* (5); en ce qui touche l'action *judicati*, de l'acquérir lui-même comme le *cognitor*; bien que cette action fût alors donnée au représenté, la règle disparaissait, et le *procurator* était assimilé au *cognitor*. Enfin, il pouvait faire un pacte avec le débiteur, et arriver, avant la *litis contestatio*, à peu près au même résultat que si elle avait eu lieu; en effet, le *procurator*, ne trou-

(1) D., 16, 2; 18.
(2) D., 17, 1; 8.
(3) Code Théodosien, *De Cognitoribus*, 7.
(4) D., 12, 2; 17, § 3.
(5) D., 44, 4; 4, § 18.

vant sa sûreté que dans la *litis contestatio*, avait grand intérêt à
recourir au pacte dans le cas où la créance cédée n'était pas
exigible, ou qu'il se voyait obligé d'attendre le terme, ou que la
litis contestatio ne pouvait opérer novation dans la créance, quand
le procès n'était pas un *judicium legitimum*, ou que l'action
n'était pas *in personam*, ou que la formule n'était pas *concepta in
jus*. On tire argument pour le prouver des lois 11, 12 et 13 *de
Pactis* (1); dire que le pacte consenti par mon *procurator* à mon
débiteur peut m'être opposé, n'est-ce pas dire à plus forte raison
que le *procurator in rem suam*, dispensé de rendre compte, peut
opposer au mandant un pacte fait avec le débiteur cédé ? La loi 13
refuse au *procurator* qui ne peut recevoir valablement le droit
de faire un pacte opposable au mandant; or, décider que le
pacte n'est pas opposable au mandant parce que le *procurator*
qui l'a consenti n'avait pas le droit de recevoir le paiement, c'est
décider *a contrario* que le *procurator* qui a qualité pour que le
débiteur paie entre ses mains, peut faire avec lui un pacte opposable au cédant.

33. La *procuratio in rem suam* avait réalisé de sérieuses améliorations sur la novation : on n'avait plus besoin pour la cession
du consentement du débiteur cédé (2), le créance n'était plus
éteinte, elle conservait toutes les sûretés et garanties qui l'accompagnaient primitivement; le mandat *ad litem* offrait donc un
moyen facile et sûr de transmettre non l'obligation elle-même,
mais au moins son exercice et par là son émolument : celui qui
voulait céder sa créance à un tiers nommait tout simplement ce
tiers son mandataire pour exercer son action contre le débiteur.

34. Mais à côté de ces sérieux avantages, subsistaient encore
quelques graves inconvénients qui demandaient des réformes.
Ainsi, puisque le cédant restait le seul créancier, le seul maître
de la créance, jusqu'à la *litis contestatio*, que jusque-là le cessionnaire était un simple mandataire, le *procurator*, d'après les règles
du mandat, était complètement à la merci du cédant, qui pouvait
à tout moment, et par tous les moyens, révoquer le mandat, par

(1) 2, 14; 11, 12 et 13.
(2) C., 4, 59; 3.

conséquent annuler complétement la cession qui commençait à s'opérer : en recevant le paiement, en faisant une novation, en acceptant une transaction, ou même en consentant une nouvelle cession par la constitution d'un autre *procurator* (1), le cessionnaire avait bien une action en indemnité contre le cédant qui manquait ainsi à son engagement, mais il était exposé aussi à son insolvabilité. De plus, le mandat donné au *procurator* était de plein droit révoqué par la mort du cédant. Il aurait bien pu éviter ces inconvénients en poursuivant le débiteur, mais il ne le pouvait pas, lorsque la créance était accompagnée d'un terme ou d'une condition, avant l'arrivée du terme ou l'accomplissement de la condition.

35. Si l'on pense que la cession directe des créances était connue dans le plus ancien droit de Rome, on se trouve assez embarrassé pour expliquer ces deux conséquences et les accommoder avec son système ; aussi essaie-t-on de les nier. On est bien obligé d'avouer qu'il y a au Code une loi qui semble favoriser notre opinion : « Datâ certæ pecuniæ quantitate ei cujus meministi, in vicem debiti actionem tibi adversus debitorem, pro quo solvisti, dicis esse mandatam : et antequam eo nomine litem contestaveris, sine herede creditorem fati numus implesse proponis, quæ si ita sunt, utilis actio tibi competit (2). » L'action directe fait défaut au vendeur, donc la *procuratio* est révoquée par la mort du cédant. On répond à cela qu'il faut tenir un grand compte des mots *sine herede* du texte ; mais nous aimons mieux supposer que la *procuratio* étant un mandat s'éteint comme lui par la mort du mandant ; il est vrai que nos adversaires contestent que la *procuratio* soit un mandat ; mais ils sont bien obligés de reconnaître la précarité du droit du cessionnaire ; qu'il ne peut disposer de la créance cédée : « Procurator ante litem contestatam facere procuratorem non potest (3). » que les exceptions opposables au cédant avant la *litis contestatio* sont opposables au cessionnaire.

(1) D., 18, 14; 23.
(2) C., 4, 10; 1.
(3) D., 2, 13; 8. D., 49, 1; 4, § 5.

30. Lorsque le *procurator* pouvait immédiatement exercer l'action, la *litis contestatio* fixait définitivement sur sa tête le droit appartenant au mandant, par la novation ; il restait le *dominus litis*, les poursuites pouvaient être continuées malgré la mort du mandant, il pouvait se substituer un *procurator* (1); mais jusqu'à la *litis contestatio* sa position était trop incertaine, il fallait trouver le moyen d'améliorer sa condition sous ce rapport, et de lui assurer la créance avant la *litis contestatio*, comme elle lui était assurée après. Le remède fut trouvé dans la *denuntiatio*.

(1) D., 17, 1; 8, § 7.

CHAPITRE TROISIÈME.

De la « Denuntiatio. »

37. Le Code nous offre sur cette matière une constitution de l'empereur Gordien, rendue en l'an 240 : « Si delegatio non est interposita debitoris tui, ac propterea actiones apud te remanserunt, quamvis creditori tuo adversus eum solutionis causâ mandaveris actiones, tamen antequam lis contestatur, vel aliquid ex debito accipiat, vel debitori tuo denunciaverit, exigere a debitore tuo debitam quantitatem non vetaris, et eo modo tui creditoris exactionem contra eum inhibere..... » Si, voulant faire une cession de créances en paiement d'une dette, vous avez constitué votre créancier *procurator in rem suam* contre votre débiteur, au lieu de lui déléguer ce débiteur, le droit d'agir vous appartient cependant encore et vous pouvez poursuivre le débiteur et empêcher l'action de votre créancier, tant qu'il n'y a pas eu *litis contestatio* ou paiement partiel, ou que le cessionnaire n'a pas notifié la cession au débiteur (1).

38. Deux actes nouveaux mettent le cessionnaire dans la situation qu'il aurait si la *litis contestatio* avait eu lieu, ce sont : un paiement partiel à lui fait par le débiteur, une *denuntiatio*, une notification de la cession au débiteur cédé. Avant de parler de cette *denuntiatio* et de ses effets, nous devons répondre à une objection partie de haut. Cujas (2) et Ant. Fabre (3) ont prétendu que cette constitution s'appliquait, non pas au *procurator in rem suam*, mais seulement au *procurator in rem alienam*, se fondant sur cette idée que, pour le *procurator in rem suam*, le mandat avait toujours été irrévocable, même avant la *litis contes-*

---

(1) C., 8, 42; 3.
(2) *Resp. Papin, ad legem 18; de Compensat.*
(3) Lib. 12, *Des Conj.*

tatio, et que cette loi lui était par conséquent inutile. « Nec procurator potest revocari, etiamsi res sit integra ; puta, ante L. C. non potest revocari qui factus est procurator ad agendum in rem suam, quia revocaretur emptio aut donatio perfecta quod fieri nequit. Et errat Glossa, dum putat ante litem contestatam posse revocari procuratorem in rem suam ; quia habet utilem actionem suo nomine. Et procurator in rem suam potest etiam ante L. C. alium facere procuratorem ad agendum quasi principalis creditor ; et quia si moriatur ante L. C. transmittit actiones ad heredem suum. » Nous ne croyons pas cette opinion bien exacte ; la constitution doit s'appliquer nécessairement et spécialement au *procurator in rem suam* : cela résulte d'une façon non équivoque des termes mêmes employés dans la loi : *quamvis creditori tuo actiones mandaveris* ; la situation de ce *procurator* exigeait du reste qu'on s'occupât de lui. On voit quels progrès fait par ces innovations la cession des créances, et on se demanderait à quoi ont pu servir les actions utiles, qui, nous le verrons, ont été imaginées pour parer aux inconvénients de la révocabilité du mandat, si ce mandat n'avait pu être révoqué, même avant la *litis contestatio*.

39. Depuis la constitution celui qui veut acquérir une créance peut donc employer quatre moyens différents pour se donner une garantie certaine contre tous faits du débiteur tendant à annuler la cession de la créance, et le mettre dans l'impossibilité de lui nuire en rendant la cession définitive :

1° Il peut opérer une novation de la créance : *si delegatio non est interposita,* dit la constitution, la créance est éteinte, le cessionnaire n'a plus rien à craindre ; mais la novation a trop d'inconvénients pour qu'on l'emploie à cette époque ;

2° Si la créance n'est pas à terme ou soumise à une condition, il exerce l'action en justice, et par la *litis contestatio* il acquiert toute sécurité en devenant *dominus litis* ;

3° S'il peut, sans être obligé de poursuivre le débiteur, obtenir de lui un paiement partiel, le débiteur, qui aura ainsi formellement avoué avoir connaissance de la cession et reconnu le *procurator* comme véritable créancier, ne sera plus de bonne foi en payant le créancier primitif; car les principes du mandat veulent que la révocation ne puisse avoir lieu que *rebus adhuc integris;* et l'empereur, faisant l'application de ces principes, décide que les choses ne seront plus entières, que le mandat sera irrévocable quand il y aura eu paiement ou *denuntiatio;*

4° Faute d'employer l'un de ces trois moyens, le *procurator* devra faire une *denuntiatio* de la cession au débiteur. Une seule de ces précautions mettra le cessionnaire hors de tout danger de la part du cédant; mais jusqu'à ce qu'il y ait eu : *novatio, litis contestatio,* paiement partiel ou *denuntiatio,* le débiteur pourra payer le cédant aux risques et périls du *procurator;* celui-ci n'aura à se plaindre que de sa négligence.

40. Qu'était-ce que la *denuntiatio?* C'était la notification, la dénonciation, la signification de la cession faite par le cessionnaire au débiteur cédé. Une question préalable est à résoudre : faut-il qu'il y ait nécessairement une signification formelle faite au débiteur, ou suffit-il que le débiteur ait eu connaissance d'une façon quelconque de la cession, pour être de mauvaise foi, et être tenu comme par la dénonciation? Plusieurs auteurs ont soutenu que la simple connaissance de la cession suffisait pour le constituer de mauvaise foi, et produisait les mêmes effets que la *denuntiatio* (1). Si le débiteur a connu la cession, il ne peut plus valablement payer au cédant. Ils tirent argument de la loi 17 *de Transactionibus* ainsi conçue : « Venditor hereditatis, emptori mandatis actionibus, cum debitore hereditario, qui ignorabat venditam esse hereditatem, transegit : si emptor hereditatis hoc debitum ab eo exigere velit, exceptio transacti negotii debitori propter ignorantiam suam accommodanda est...... (2). D'après cette loi, dit-on, si un héritier avait fait cession de son droit d'hérédité, et qu'il opérât ensuite une transaction avec un débiteur héréditaire, celui-ci pouvait repousser l'action du cessionnaire par l'exception de transaction, s'il avait ignoré la cession. D'où résulte, *a contrario,* que si le débiteur avait eu con-

(1) Donneau, *De jure civili,* I, XV; 44, § 21; Lauterbach, *Ad titulum de hereditate vel actione venditâ,* n° 48.
(2) D., 2, 15; 17.

naissance de la cession, il n'aurait pas l'*exceptio transacti negotii*, c'est-à-dire que cette connaissance acquise de la cession le liait définitivement au cessionnaire,

41. Beaucoup d'auteurs ne sont pas de cet avis : « On ne peut pas, disent-ils, avec raison, étendre l'application d'une décision donnée pour la vente d'une hérédité à la cession des créances. » Il est probable au contraire que Papinien a voulu mettre en opposition l'ignorance légale, l'ignorance pardonnable, le défaut de signification, avec la connaissance de l'opération par toute autre voie. Le mot *ignorantia* n'est-il pas employé ici plutôt dans son sens juridique, désignant précisément le défaut de notification, de *denuntiatio*, d'avertissement formel donné au débiteur cédé, que dans son sens commun et général, le défaut d'une connaissance quelconque de l'acte en question? Comment expliquer autrement que l'empereur prenne le soin d'énumérer les causes du dessaisissement définitif de la créance, sans mentionner la connaissance personnelle de la cession par le cédé ; et son énumération n'est-elle pas inutile si elle n'est pas limitative? La Constitution est une véritable loi, la seule que nous ayons sur ce sujet ; elle rappelle le passé, le corrige en inaugurant un nouveau système, il n'y a rien à ajouter à ses innovations. Elle a plutôt pour but principal d'éviter et de terminer les discussions sans nombre qui peuvent s'élever sur le point de savoir si le cédé a eu connaissance ou non de la cession et de quelle manière ; or, la Constitution cite deux faits : un paiement partiel, et la *denuntiatio*. L'article 1690 du Code civil a reproduit cette décision. Fabre trouve que, pour en décider ainsi, il y a deux raisons ; raison de droit, le créancier reste créancier jusqu'à la *denuntiatio* ; le débiteur doit être averti, sinon il est toujours en droit de dire que le propriétaire de la créance n'est pas changé ; raison d'équité, le débiteur doit savoir quel est le véritable créancier, pour prendre ses mesures à son égard, apprendre s'il veut user de la créance, quand il exercera l'action (1).

42. Qui doit faire la *denuntiatio?* C'est évidemment le ces-

(1) Fabre, *Conject.*, lib. XII.

sionnaire, qui a intérêt à ce qu'elle soit opérée, et qui souffre de ce qu'elle n'a pas été faite ; la Constitution le dit du reste assez clairement ; c'est le *creditor* devenu *procurator*, qui est le sujet du verbe *denuntiaverit*. Dans quelle forme doit être faite la *denuntiatio*? On a prétendu qu'un simple avis suffisait, que la notification n'avait pas besoin d'être entourée de formes solennelles ; on s'est appuyé pour le soutenir sur deux lois du Code et du Digeste (1) ; mais ces deux lois n'ont aucun rapport avec la forme de la *denuntiatio ;* tandis que la loi 3, qui reproduit la Constitution, prouve le contraire, c'est-à-dire que la *denuntiatio* doit être faite d'une façon solennelle ; sans cela, il aurait fallu mentionner la *denuntiatio* seulement, comme synonyme d'avis ou de connaissance de la cession, et ne pas parler du paiement, qui est un acte prouvant sans aucun doute chez le débiteur la connaissance de la cession. La *denuntiatio* devait donc être un acte solennel. Mais doit-on entendre cette expression dans son sens large, c'est-à-dire trouver suffisant tout acte formel, tout acte régulier émané du cessionnaire, ou l'entendre dans son sens restreint, c'est-à-dire exiger un acte formellement déterminé, ne pouvant être remplacé par aucun autre. Nous croyons que cet acte n'est et ne peut être autre chose que la *denuntiatio litis*, la notification des poursuites, qui donna l'idée de la notification appliquée à la cession des créances, et qui était un acte solennel. La *denuntiatio* est donc un avertissement solennel qui oblige quelqu'un à faire ou à supporter quelque chose sans opposition.

43. La *denuntiatio* était de deux sortes : extrajudiciaire, quand elle était faite devant témoins, qui la rapportaient au débiteur cédé, ou l'en instruisaient de différentes façons, soit verbalement, soit par écrit ; judiciaire, quand elle était faite devant le juge et communiquée au défendeur ; la *denuntiatio litis* fut, en effet, employée pour remplacer les formes un peu barbares de l'appel en justice : l'*in jus vocatio*, l'*editio*, le *vadimonium*, quand la comparution des parties ne fut plus exigée avec une aussi grande rigueur ; elle devint, au temps des jurisconsultes,

---

(1) C, 8, 17; 4. — D., 2, 45; 17.

le moyen ordinaire et pratique d'intenter un procès : le demandeur déclarait son intention devant témoins, un acte était dressé
et envoyé, soit au défendeur, soit au juge, qui la faisait signifier
trois fois au défendeur. Constantin fit de la *denuntiatio* un acte
public ; elle devait être faite par l'intermédiaire d'un officier public, qui dressait un acte authentique et la communiquait au défendeur sur les prières du demandeur ; c'est à une *denuntiatio*
de cette nature que Gordien doit avoir attaché l'irrévocabilité
des droits du cessionnaire dans ses rapports avec le cédé.

44. Voici sans doute la façon dont la *denuntiatio* fut appliquée peu à peu à la cession des créances : le *procurator*, en
exerçant comme mandataire son droit contre le débiteur, brise
le lien qui l'attachait au créancier, et le lie de nouveau à lui-
même par la *litis contestatio*. La *litis denuntiatio* emprunta à la
litis contestatio un de ses effets, en liant le *procurator* et le débiteur, qui put être condamné par défaut après trois dénon-
ciations. Puis on arriva à généraliser la *litis denuntiatio*, et on
en tira la *denuntiatio* pour le cas où il n'y aurait pas procès,
mais où on aurait besoin de faire une notification, comme pour
la cession des créances. La *denuntiatio* réalisait un progrès considérable : le *procurator* n'était plus, comme auparavant, à la
merci du cédant; celui-ci ne pouvait rien faire contre lui, le
cessionnaire était complètement à l'abri de ses manœuvres frau-
duleuses; de ce côté, il n'avait plus rien à craindre après avoir
fait la *denuntiatio*. Aucun paiement fait au cédant, aucune novation, aucune nouvelle constitution du *procurator* ne lui était opposable. Cependant, la cession de créance n'était pas encore
complète, la sécurité du cessionnaire n'était pas entière : la *denuntiatio* n'opérait pas novation et ne lui transportait pas défini-
vement la créance, elle ne lui donnait pas le droit de la transmettre à ses héritiers, ni celui de se substituer un *procurator* avant
la *litis contestatio* (1) ; elle rendait le mandat irrévocable de la
part du cédant, mais elle laissait encore ce mandat soumis aux
causes d'extinction du mandat d'après le droit civil.

(1) C., 8, 84 ; 33.

CHAPITRE QUATRIÈME.

Des Actions utiles.

45. La cession des créances devait encore faire un pas pour être complète, pour atteindre sa perfection : la *litis contestatio* étant l'acte qui pouvait produire les effets les plus nombreux, les plus entiers, les plus certains, il fallait arriver à considérer cette *litis contestatio* comme ayant déjà eu lieu, même avant qu'elle fût réellement opérée, même dans les cas où elle n'aurait pas encore pu se produire d'après les circonstances; il fallait arriver à rendre le mandat, par conséquent la cession, définitif, irrévocable sous tous les rapports. Voyons, en effet, les graves inconvénients qui subsistent : tant qu'il n'y a pas eu *litis contestatio*, même après la *denuntiatio*, le mandat est éteint par la mort de l'une ou de l'autre des parties, du mandant ou du *procurator;* le cédant meurt-il sans héritier, le droit du cessionnaire est complétement perdu; meurt-il en laissant un héritier, le cessionnaire devra obtenir de cet héritier un nouveau mandat; si c'est le cessionnaire lui-même qui meurt, ses héritiers devront obtenir un nouveau mandat du cédant (1).

46. Les empereurs romains accordèrent d'abord des actions utiles au *procurator* de la façon suivante : ils lui permirent d'agir à son choix contre le débiteur, soit *utiliter* de son chef, soit comme *procurator in rem suam* du chef du cédant; c'est ce que prouve formellement la loi 5, *de Hered. vel act. vendita* (2); et une loi de Gordien que nous avons citée plus haut (3) montre clairement que le mandat pouvant être révoqué par la mort du mandant

(1) Gaius, III, § 160; Inst., III, 20, § 10.
(2) C., 4, 39; 5.
(3) C., 4, 10; 1.

arrivée avant la *litis contestatio*, l'empereur accorde au *procurator* une action utile qui lui permet de poursuivre le débiteur sans avoir besoin d'implorer un nouveau mandat, comme si du reste ce mandat lui avait été donné. A une époque plus avancée, le cessionnaire se trouve donc nanti d'une action utile, qui lui permet de commencer ou de continuer les poursuites, bien que le cédant fût mort avant la *litis contestatio;* de même que, dans le cas où le cessionnaire serait mort avant la *litis contestatio*, ses héritiers avaient une action utile pour poursuivre le débiteur comme s'ils étaient eux-mêmes mandataires; cela paraît bien résulter des lois 7 et 8 de notre titre (1).

47. Mais qu'entend-on par actions utiles? D'où sont-elles sorties? Quel a été leur développement? Le droit civil était dans certains cas bien rigoureux : il accordait l'action civile directe et contraire, mais les actions du droit civil étaient peu nombreuses et sévèrement restreintes; on ne pouvait les appliquer que dans des circonstances parfaitement déterminées, toutes les conditions devant se trouver pour cela réunies. Il arriva donc que, dans une foule de cas, on fut privé d'une action pour faire reconnaître ses droits; les progrès du droit amenèrent de nouvelles conventions, on dut les faire respecter par de nouveaux moyens; mais comme ces conventions n'avaient pas leur origine dans le droit civil, n'étaient pas reconnues par lui, les préteurs vinrent au secours du droit nouveau et lui donnèrent sa sanction; le droit civil était devenu quelquefois trop contraire à l'équité, il fallait l'y ramener par des moyens détournés. Une des innovations les plus pratiques et les plus ingénieuses du droit prétorien fut l'action utile, que l'on accordait *utilitatis causâ*, par raison d'équité et de nécessité, à toutes les conventions qui n'étaient pas pourvues de l'action directe.

48. Comme toutes les réformes fondamentales en jurisprudence, le principe des actions utiles, sorti de la pratique, n'a été admis que peu à peu, par progrès successifs. Ainsi un héritier institué est grevé d'un fidéicommis universel; la restitution peut

(1) C., 4, 50; 7 et 8.

se faire de deux manières : le *fiduciaire* déclare formellement son intention de restituer, ou il laisse le fidéicommissaire se mettre en possession des objets compris dans la succession. Les choses corporelles passent ainsi dans le patrimoine du fidéicommissaire, mais les créances et les dettes, qui ne peuvent se transporter ni par la tradition ni par le consentement, restent à l'héritier grevé. On avait bien imaginé de simuler une vente de l'hérédité, *nummo uno*, suivie de stipulations réciproques ; cette vente laissait les parties exposées à l'insolvabilité de l'une et de l'autre. Un S.-C. décida, en l'an 62 apr. J.-C., que les actions héréditaires, une fois la restitution faite, pourraient être intentées *utilitatis causâ*, soit par le fidéicommissaire, soit contre lui. Les actions utiles étaient données au fidéicommissaire et contre lui, tandis que les actions directes restaient entre les mains du *fiduciaire*, mais elles étaient paralysées par des exceptions, et devenaient inutiles, tandis que les actions utiles prenaient la place des actions directes et servaient seules à quelque chose (1).

49. La pratique étendit bientôt à toute vente d'hérédité ce que le S.-C. Trébellien avait admis pour la restitution d'hérédité ; pratique qui fut confirmée et rendue légale par un rescrit d'Antonin le Pieux (2) : « Utiles actiones emptori hereditatis dandas, merito adversus venditorem hereditatis exceptione doli debitor hereditarius uti potest. » Les actions institoire et exercitoire, actions *adjectitiæ qualitatis*, nous fournissent encore nombre d'exemples de la création et de l'application toujours croissante des actions utiles.

50. On arriva bientôt à accorder des actions utiles au créancier qui a reçu une créance en gage. Nous avons déjà cité la loi (3) : *Cautiones debitorum datas pignori ; post nominis venditionem dandas emptori utiles actiones ;* la convention par laquelle un créancier donnait hypothèque sur son droit permettait au créancier hypothécaire de vendre la créance et de se payer sur le prix, ou, s'il le préférait, d'exercer l'action et de

(1) D., 36, 1 ; 27, § 7.
(2) D., 2, 14 ; 16 pr.
(3) C., 4, 39 ; 7.

poursuivre le débiteur (1), à l'exclusion du créancier qui a consenti le gage : « Ille, cujus nomen tibi pignori datum est, nisi ei cui debuit solvit nondum certior a te de obligatione tuâ factus, utilibus actionibus satis tibi facere usque ad id quod tibi deberi a creditore ejus probaveris, compelletur : quatenus tamen ipse debet. » Voilà comment on arriva à investir le créancier hypothécaire en cas de *pignus nominis* du droit appartenant au débiteur ; l'hypothèque se constituait par un simple pacte, qui donnait au créancier hypothécaire un droit réel sur la chose hypothéquée : par la convention d'hypothèque, le créancier qui reçoit le *pignus nominis* acquiert aussitôt une action utile contre le débiteur.

51. De là, il n'y a qu'un pas à faire pour accorder l'action utile à bien d'autres personnes tout aussi dignes d'intérêt que les précédentes, ce qui eut lieu en effet : pour l'acheteur d'une créance (2) ; pour le mari qui a reçu une créance en dot (3); pour celui qui a reçu une créance en paiement (4) ; pour le légataire d'une créance (5). On généralisa de plus en plus l'action utile et on l'appliqua à toute sorte de mandat : « Liberto vel amico mandavit pecuniam accipere mutuam : cujus litteras creditor secutus contraxit, et fidejussor intervenit; etiamsi pecunia non sit in rem versa, tamen dabitur in eum negotiorum gestorum actio creditori, vel fidejussori ; scilicet, ad exemplum institoriæ actionis (6). » Par une juste réciprocité, les mêmes avantages ont été accordés au mandant vis-à-vis de ceux qui ont contracté avec le mandataire : « Si procurator vendiderit, et caverit emptori, quæritur an domino vel adversus dominum actio dari debeat ; et Papin. putat cum domino ex empto agi posse utili actione, ad exemplum institoriæ actionis, si modo rem vendendam mandavit : ergo et per contrarium dicendum est, utilem ex empto actionem domino competere (7). » Justinien accorda enfin l'action utile au donataire

(1) C., 8, 17 ; 4.
(2) C., 4, 39 8. — C., 4, 10 ; 1 et 7.
(3) C., 4, 10 ; 2.
(4) C., 4, 18 ; 8.
(5) C., 6, 37 ; 18.
(6) D., 3, 8 ; 31 pr. 17, 1 ; 10, § 6.
(7) D., 10, 1 ; 13, § 25.

d'une créance (1). Dès lors la règle semble être générale, et l'on peut dire que, dans tous les cas où est intervenu un acte ayant pour but la transmission d'une créance, des actions utiles devront être données au cessionnaire directement contre le débiteur.

52. C'est ainsi qu'on arriva, sinon légalement, du moins *æquitatis jure*, à faire subsister le mandat *ad agendum* malgré la mort du mandant et la mort du mandataire. Pour toute espèce de convention qui devait avoir pour effet d'obliger l'une des parties à constituer l'autre *procurator in rem suam*, le mandat fut sous-entendu, le cessionnaire fut censé l'avoir reçu, lors même qu'il ne lui aurait pas été conféré. Dans le dernier état du droit romain, il y avait donc cession toutes les fois qu'une personne avait obtenu, soit par une convention, soit par une disposition de la loi, le droit d'exiger d'une autre qu'elle lui procurât le bénéfice d'une créance qu'elle avait contre un tiers. Le cessionnaire était toujours le mandataire du cédant; la cession devint en quelque sorte possible par la seule volonté des parties, le cessionnaire put agir *quasi ex jure cesso*, comme si le créancier lui avait cédé ses actions; il eut un droit personnel, indépendant, il fut le véritable maître de la créance cédée; il ne courait donc plus aucun danger : le mandat devenait irrévocable à partir de la *litis contestatio*, du paiement partiel de la dette et de la *denuntiatio*; et ne s'éteignait ni par la mort du mandant, ni par la mort du mandataire. Il est vrai que le cédant garde l'action directe, mais c'est un corps inerte entre ses mains; l'action utile en conflit avec l'action directe l'emportera toujours sur cette dernière (2).

53. Bientôt même l'utilité du mandat d'exercer l'action s'efface peu à peu, il n'est plus nécessaire d'en recevoir; on admet en principe que le droit de réclamer le bénéfice de la cession concourt avec la faculté d'exercer l'action utile; le cessionnaire a le choix entre l'action directe qui naît au moment où le mandat est constitué, et l'action utile qui est née au moment

(1) C., 8, 54; 53.
(2) D., 3, 5; 55.

de la convention. On oppose les lois 86 et 89, *de Fidej.*, et la loi 70, *de Solut.*, qui semblent refuser l'action directe; mais ces lois ne peuvent pas être appliquées à notre cas, les hypothèses prévues par ces lois n'ont pas de rapport avec le *procurator in rem suam*. Le cessionnaire a les deux actions : l'action directe, née de la *procuratio in rem suam*; l'action utile, qui est propre au mandataire, action qui a été étendue, par l'interprétation ou l'usage des cas pour lesquels elle a été créée, à des cas analogues; les deux actions lui sont accordées toutes les fois qu'il y a eu une juste cause de cession : une vente, une donation, une constitution de dot; cela ressort jusqu'à l'évidence de la loi 5 *de Hered. vel act. vendita :* « Emptor hereditatis, actionibus mandatis, eo juri uti debet, quo is, cujus persona fungitur, quamvis utiles etiam adversus debitores hereditarios actiones emptori tribui placuit. »

54. Les deux actions, l'action directe et l'action utile, peuvent-elles coexister, peuvent-elles se trouver l'une et l'autre à la disposition du cessionnaire? On a prétendu que non, que le cessionnaire ne pouvait jamais prétendre qu'à une seule action : s'il y a eu mandat, dit-on, le cessionnaire n'aura que l'action directe, l'action utile lui sera refusée; si, au contraire, il est privé de l'action directe, l'action utile lui sera accordée; en un mot, une action ne peut être exercée que quand l'autre lui fait complétement défaut (1); l'action utile n'est donnée que si l'action directe est perdue, par exemple lorsque l'une des parties meurt sans héritier. Cette opinion ne nous paraît pas devoir être adoptée : le cessionnaire a toujours le choix entre les deux actions, il peut, à son gré, exercer l'action utile ou l'action directe; mais par la mort, l'action directe est éteinte, il faudrait pour la faire revivre un mandat qui ne peut plus être donné ou qu'on ne voudrait pas renouveler; l'action utile subsiste, mais subsiste seule; elle est alors donnée pour remplacer l'action directe qui fait défaut.

55. L'action utile a-t-elle changé la nature de la cession des créances? Le cessionnaire n'avait été jusqu'alors qu'un manda-

(1) C., 4, 10; 1.

taire, la cession n'était qu'un mandat donné à une personne d'exercer les droits et actions qui appartenaient au mandant; ce mandat avait donc pour cause l'obligation contractée par le créancier de céder ses droits à un tiers. Il est vrai que, par suite des progrès de la législation romaine, ce mandat était devenu, dans le dernier état du droit, d'une nature tout à fait particulière; le cessionnaire pouvait, dès l'instant où la cession était parfaite, par la *denuntiatio* faite au débiteur, fixer d'une manière définitive la créance sur sa tête; enfin, ni la mort du mandant, ni la mort du mandataire, ne mettaient fin à ce mandat. Aussi a-t-on pu croire, oubliant le caractère primitif de la cession, et ne s'attachant qu'aux effets produits, que, dans les derniers temps, dans le droit de Justinien, le cessionnaire n'était plus, à l'égard du cédant, un mandataire, mais un successeur à titre particulier, qui se trouvait dans une situation complétement indépendante du cédant. Nous avons déjà combattu cette opinion qui consiste à croire que les Romains ont connu la cession des créances telle qu'elle existe aujourd'hui dans les législations modernes; dans notre opinion, aucun des différents moyens employés pour arriver à la cession des créances ne produisit le transport de ces créances, aucune des transformations de la *procuratio in rem suam* n'aboutit à la cession directe pouvant s'opérer par le seul consentement; on arriva au même résultat par des équivalents, mais la cession ne fut jamais qu'une *procuratio*.

50. La décision que l'on peut prendre sur cette question a du reste un très-grand intérêt, et les effets que produit l'action utile combinée avec la *procuratio in rem suam* ne sont pas du tout les mêmes dans les deux opinions qui se sont formées à ce sujet : si la cession des créances par la *procuratio* jointe à l'action utile est restée un mandat, une vraie *procuratio*, si le cessionnaire est toujours un mandataire, ce n'est pas une action à lui personnelle qu'il exerce, c'est l'action d'autrui; il exerce l'action à la place du cédant, comme l'aurait fait celui-ci, et il jouit de tous les bénéfices et avantages attachés à l'obligation, au nom du cédant. Si, au contraire, l'action utile accordée au cessionnaire n'a pas son origine dans l'idée de mandat, si cette action lui est person-

nelle, qu'il ne l'ait pas reçue du cédant, il renonce nécessairement aux priviléges attachés à la créance, il agit en son propre nom, pour lui, et non pour le cédant.

57. Pour soutenir cette dernière opinion, on a dit que l'action utile avait complétement changé le principe de la cession en faisant du cessionnaire le véritable créancier : l'idée de mandat est anéantie, le débiteur devient directement obligé envers lui ; ce qui le prouve, dit-on, ce sont ces mots : *suo nomine, utili actione recte utetur* (1) ; *utilibus autem actionibus suo nomine experietur* (2). Donneau le fait remarquer : « Jam dixi eum qui utilem actionem habet, eam movere suo nomine, mandatam autem actionem ex personâ mandantis. Ea res facit ut qui utiles actiones experitur, nihil amplius possit petere quam quod in re debetur ; privilegio autem personæ cedentis ullo uti non possit qui suo nomine agit, non ex alterius personâ. »

58. On n'admet pas en général cette donnée, et on est à peu près unanime pour reconnaître que le cessionnaire, même avec l'aide de l'action utile, n'est qu'un mandataire vis-à-vis du débiteur ; mandataire légal par l'action utile, mandataire conventionnel par l'action directe. L'action utile a la même portée, procure les mêmes avantages que l'action directe, mais il est nécessaire, quand on veut s'en servir, d'avoir recours à une fiction : le mandat est supposé avoir été donné. Quelle que soit l'action exercée par le cessionnaire, *mandatis actionibus*, comme *procurator*, ou *proprio nomine*, comme mandataire supposé, il agit toujours comme représentant du cédant, il a les mêmes droits, renfermés dans les mêmes limites. On ne peut s'empêcher de le reconnaître quand on se rappelle l'idée d'où est sortie l'action utile ; cette action est la conséquence du principe de la *procuratio* généralisé ; le cessionnaire, mis par la loi à l'abri du danger, obtient de son chef l'action utile, qu'il exercera *suo nomine*, et si l'on veut bien pénétrer au fond des choses, on voit que l'action utile n'est que l'action directe considérée comme mandée quand même elle ne l'a pas été ; le cessionnaire agit par elle *quasi ex*

(1) C., 4, 15 ; 5.
(2) C., 8, 37 ; 13.

jure cesso. L'action utile, dont nous avons tracé plus haut l'historique, n'est qu'une extension prétorienne de l'action civile aux cas où celle-ci n'est pas accordée par la loi ; et la théorie que nous venons d'exposer est tout à fait conforme au développement successif du droit romain, où toutes les innovations se sont accomplies peu à peu, par des transformations de ce qui était déjà admis, aucune par soubresaut, par changement brusque, par modification radicale ; on peut dire en un mot que l'action utile n'est que l'action directe considérée à un autre point de vue, vue sous une nouvelle face, appropriée à des besoins qui allaient chaque jour grandissant, mais sans qu'on perdît jamais de vue le point de départ. Il n'y a donc pas juridiquement de distinction à faire entre ces deux actions : « Nec refert directâ quis an utili actione agat, vel conveniatur : quia in extraordinariis judiciis, ubi conceptio formularum non observatur, hæc subtilitas supervacua est ; maxime cum utraque actio ejusdem potestatis est, eumdemque habet effectum. »

59. Quoi qu'on en ait dit sur l'action utile, la nature d'une opération juridique doit se déterminer d'après les caractères qui lui sont propres et qui la distinguent d'autres opérations, et non d'après les effets qu'elle produit ; la cession des créances à Rome n'a jamais été qu'un mandat, même dans les rapports du cédant et du cessionnaire. On lit au titre *de Hered. vel act. venditâ,* qu'une créance peut être vendue malgré le débiteur : « Nominis venditio etiam ignorante, vel invito eo adversus quem actiones mandantur, contrahi solet (1). — Ex nominis emptione dominium rerum obligatarum ad emptorem non transit, sed vel in rem suam procuratore facto, vel utilis, secundum ea quæ pridem constituta sunt, exemplo creditoris persecutio tribuitur. » Cela n'a rien d'étonnant et s'explique très-bien dans l'opinion qui voit dans l'action utile une simple extension de l'action directe ; si, au contraire, on suppose que l'action utile est tout autre que l'action directe, une action tout à fait distincte, on expliquera difficilement la loi 30, *de Neg. gestis* : « Naturalis enim, simul et

(1) C., 4, 39 ; lois 3 et 8.

civilis ratio suasit, alienam conditionem meliorem quidem etiam ignorantis et inviti nos facere posse, deteriorem non posse (1). » Or, ici, il y aurait sans le consentement du débiteur, *etiam ignorante vel invito debitore*, changement de créancier, changement d'action, aggravation de la situation du débiteur; tandis que cette situation doit rester toujours la même comme l'action; peu importe en effet qui exerce l'action, l'un n'obtiendra pas plus que l'autre.

60. De plus, si ces deux actions avaient été complétement indépendantes l'une de l'autre, on n'aurait pas pu facilement étendre à l'action directe, l'action *mandata*, les modifications, les innovations apportées à l'action utile, tandis que cela a pu se faire sans difficulté entre deux actions ayant entre elles tant de liaisons, tant de ressemblances, que l'une doit être sortie de l'autre. L'expression *suo nomine*, employée dans les lois 5, C; 4, 15.; — 5, C; 4, 39, n'a pas pour but d'établir une différence entre les deux actions, mais elle suppose deux cas différents : lorsque l'acheteur d'une créance est constitué *procurator*, il agit *alieno nomine*, au nom du mandant, voilà le premier cas; mais s'il n'est pas constitué *procurator*, il agit *suo nomine*, en son propre nom. Sans un mandat formel on ne peut agir *procuratorio nomine*, il faut bien exercer l'action en son nom.

61. Le cessionnaire acquiert en principe, en même temps que la créance, les accessoires de la créance cédée, les garanties plus ou moins étendues qui l'accompagnent : « Venditor actionis, quam adversus reum principalem habet, omne jus, quod ex eâ causâ ei competit, tam adversus ipsum reum quam adversus intercessores hujus debiti cedere debet, nisi aliud actum est (2). » Le cédant se dépouille non-seulement de l'action principale, mais encore de toutes les suites de cette action, même des actions contre les cautions : « Emptori nominis etiam pignoris persecutio præstari debet; ejus quoque quod postea venditor accepit : nam beneficium venditoris prodest emptori (3). » Cette loi a fait naî-

---

(1) D., 3, 5; 30.
(2) D., 18, 5; 23.
(3) D., 18, 5; 6.

tre un doute au point de vue de l'action hypothécaire : le vendeur est obligé de céder l'exercice de l'action à l'acheteur, par
conséquent l'hypothèque n'est donc pas transférée par la cession ? La loi 6, au Code *de Obligat.*, semble pourtant bien dire
que si : « Si in solutum nomen debitoris sui debitor tibi dedit
tuus, ac te in rem tuam procuratorem fecit : pignora quæ spe-
cialiter, vel generaliter habes obligata, persequere. Quod si ab
his quibus fuerant obligata, cum potiores erant, distracta pro-
bentur, emptoribus avocari non posse perspicis (1). » On peut
dire, pour mettre d'accord ces deux dispositions, que l'une
semble plutôt s'occuper de l'action utile, l'autre de l'action
directe.

62. Toutes les actions qui appartenaient au cédant sont donc
transférées en même temps au cessionnaire. La loi 22, *de
Pec. const.* : « Si post constitutam tibi pecuniam hereditatem ex
S.-C. Trebelliano restitueris, quoniam sortis petitionem trans-
tulisti ad alium, deneganda est tibi pecuniæ constitutæ actio.
Idem est in hereditatis possessore post evictam hereditatem. Sed
magis est ut fideicommissario, vel ei qui vicit, decernanda esset
actio (2), » est contraire à la loi 21, *de Fidej.* : « Heres ab hereditario debitore fidejussorem accepit, deinde hereditatem resti-
tuit ; fidejussoris obligationem in suo statu manere ait... Ideo-
que in utraque specie transeunt actiones (3). » Pour concilier
ces deux dispositions, il faut voir que toutes les actions qui ap-
partiendraient au fidéicommissaire, d'après le S.-C. Trébellien, peuvent être exercées par lui ; mais quant aux actions
qui sont nées en la personne du fiduciaire, ce n'est pas le S.-C.
lui-même, c'est la cession consentie par le fiduciaire qui les
transmet ; ou si celui-ci ne veut pas céder les actions, une action
utile est alors donnée au fidéicommissaire.

63. Ainsi, le cessionnaire peut faire valoir, sans aucun doute,
la créance avec les garanties accessoires stipulées par le cédant ;
jouit-il également des avantages attachés à la créance par la loi,

(1) C., 4, 10 ; 6 et 7.
(2) D., 13, 5 ; 22.
(3) D., 46, 1 ; 21 pr.

des *beneficia legis,* des *privilegia,* des sûretés particulières autres que les hypothèques, cautions, etc.? Pour résoudre cette
question assez délicate, on a essayé d'établir une distinction
entre les cas où le cessionnaire agissait *procuratorio nomine,* ou
suo nomine en vertu de l'action utile ; s'il agit *procuratorio nomine,* a-t-on dit, le cessionnaire peut se prévaloir de tous les
priviléges ; si, au contraire, il agit *suo nomine,* le cessionnaire
ne peut pas les invoquer, puisqu'il agit *utiliter* de son chef et
qu'il n'est pas le *procurator* du cédant. Ce système ne peut être
admis que par ceux qui font une différence marquée entre l'action directe et l'action utile ; mais, comme dans l'opinion que
nous avons soutenue, le cessionnaire n'est jamais que le mandataire du cédant, soit qu'il agisse par l'action directe, soit qu'il
agisse par l'action utile, et que l'action utile n'a changé en rien
le caractère juridique de la cession des créances, nous ne pouvons pas plus admettre la distinction entre les cas ci-dessus exposés qu'entre les deux actions. Ce premier système est donc
complétement contraire à la loi, déjà citée, *de Negotiis gestis* :
« Nec refert directà quis an utili actione agat ; hæc subtilitas
supervacua est (1). »

64. Un second système, qui nous paraît réunir plus de chances
d'admission que le premier, est d'avis que le cessionnaire est le
mandataire du créancier primitif, et que par conséquent il peut
faire valoir la créance absolument comme le cédant l'eût fait valoir lui-même ; mais que de plus, le cessionnaire, tout mandataire qu'il est, doit cependant conserver en définitive l'émolument
de la créance, car s'il est *procurator,* il l'est en même temps *in
rem suam.* D'après cela, le cessionnaire doit pouvoir invoquer
tous les *beneficia legis,* tous les priviléges, comme le cédant pourrait le faire lui-même ; à cette condition toutefois qu'ils se rattachent à la créance par une liaison très-étroite et qu'ils forment
déjà un droit acquis dans le patrimoine du cédant. Les textes
qui favorisent cette opinion sont assez nombreux, et prouvent
d'une manière décisive que dans certains cas les priviléges

(1) D., 3, 5; 47, § 1.

passent au cessionnaire comme les autres sûretés de la créance ; « II. M. respondit, ejus temporis quod cessit, postquam fiscus debitum percepit, eum qui mandatis a fisco actionibus experitur, usuras quæ in stipulatum deductæ non sunt petere posse, » le fisc avait le droit sans stipulation d'exiger des intérêts de ses débiteurs ; s'il venait à céder sa créance, les intérêts échus pouvaient être réclamés par le cessionnaire (1).

05. Une autre loi favorise encore cette opinion : « Ex pluribus tutoribus in solidum unum tutorem judex condemnavit : in rem suam judicatus procurator datus, privilegium pupilli non habebit : quod nec heredi pupilli datur : non enim causæ, sed personæ succurritur, quæ meruit præcipuum favorem (2) ; » que l'on explique ainsi : le tuteur qui a obtenu la cession d'action contre les cotuteurs ne jouit pas du *privilegium exigendi* accordé au pupille. Cela tenait à l'état de la créance du pupille au moment où s'opérait la cession ; à ce moment la créance n'avait pas de qualité spéciale, malgré l'existence du *beneficium exigendi*, dont le pupille ne jouissait que conditionnellement, s'il se trouvait par hasard en concours avec d'autres créanciers ; par conséquent le cédant n'avait pas encore de droit acquis, d'où il résultait que le *privilegium exigendi* ne pouvait pas passer au cessionnaire. Cette explication ne nous paraît pas tenir suffisamment compte des distinctions si nettement exprimées par Papinien : *non enim causæ sed personæ succurritur.*

66. Aussi est-on bien tenté de trouver préférable un troisième système qui répond à notre question par une distinction bien tranchée entre les *privilegia causæ* ou priviléges appartenant au cédant en raison de la nature de la créance, et les *privilegia personæ* ou priviléges appartenant au cédant à raison d'une faveur à lui personnellement accordée par la loi. Les *privilegia causæ* seuls passent seuls au cessionnaire ; tandis que les *privilegia personæ*, qui sont si étroitement liés à la personne qu'ils ne passent pas à l'héritier, ne peuvent, à plus forte raison, passer à un cessionnaire, à un simple acheteur de la créance. Bien des textes

(1) D. 22, 1 ; 45. — C., 8, 10 ; 2.
(2) D. 26, 7 ; 42.

prouvent que celte distinction est très-raisonnable et devait être vraie; Papinien la fait dans le texte que nous avons cité plus haut; Ulpien et Modestin l'établissent en termes formels : « Privilegia quædam sunt causæ quædam personæ et ideo quædam ad heredem transmittuntur, quæ causæ sunt ; quæ personæ sunt, ad heredem non transeunt (1). » Si l'héritier, successeur à titre universel, qui, grâce à une fiction juridique, est supposé continuer la personne du défunt, ne peut pas se prévaloir des *privilegia personæ*, comment admettre que le *procurator*, successeur à titre particulier du cédant comme agissant dans son propre intérêt, pourra se prévaloir de ces priviléges accordés au cédant par une faveur toute particulière qui ne peut pas s'étendre à son cessionnaire? Quant aux *privilegia causæ*, ils passent évidemment au cessionnaire comme les autres garanties de la créance, hypothèques, cautionnements, inséparables de la créance et tenant à sa nature. Les *privilegia* qui se rapportaient uniquement à la procédure sans avoir trait à la créance ne passaient jamais au cessionnaire, comme les *privilegia fori*, le *privilegium de non appellando*.

67. Le cessionnaire pouvait-il user, à l'égard de son débiteur, des *privilegia* nés dans sa personne? Le cessionnaire était le *procurator* du cédant, faisait valoir l'action comme l'aurait fait le cédant lui-même, il ne pouvait donc pas plus que lui se prévaloir de ses priviléges personnels, ce n'était pas lui qui était en cause, c'était le cédant (2). Mais comme le cessionnaire, en exerçant l'action, faisait valoir ses droits dans son propre intérêt, il pouvait, comme agissant *in rem suam*, opposer à son débiteur les *privilegia personæ* qui naissaient à l'occasion de l'exercice de la créance cédée (3). Cette opinion n'a pas semblé admissible à certains auteurs, qui ont soutenu que le cessionnaire pouvait user des priviléges nés dans sa personne. On s'est appuyé pour le démontrer sur un texte du Code, qui accorde au cessionnaire le fisc, le droit d'invoquer son *privilegium* contre le débiteur (4).

(1) D. 50, 17; 68 et 196. — D. 42, 5; 19.
(2) C., 4, 39; 5. — D., 50, 17; 156.
(3) D., 4, 4; 7, § 2 et 38.
(4) C., 10, 1; 6.

On répond à cela qu'il s'agit dans cette loi, non pas d'une véritable cession faite au fisc, mais d'une succession universelle ouverte à son profit, et que la solution ne pourrait pas s'étendre de l'un à l'autre cas. Du reste, lors même que cette loi se rapporterait à la cession des créances, il serait permis de supposer qu'elle apporte une exception à la règle générale établie plus haut, et qui se concilie bien mieux avec les principes admis en matière de cession.

68. Nous avons ainsi terminé l'historique et l'exposé sommaire du caractère, de la nature juridique de la cession des créances en droit romain; nous avons à dire en quelques mots quelles créances sont cessibles, quelles créances ne peuvent être cédées, et quels sont les effets de la cession des créances.

CHAPITRE CINQUIÈME.

Quelles créances peuvent être cédées.

69. Dans le droit romain en principe, toutes les créances étaient cessibles ; en employant les modes de cession que nous avons exposés, on ne s'occupait sous ce rapport ni des causes et des origines de la créance, ni des effets qu'elle pouvait produire, ni de leur objet, du but qu'elle était destinée à atteindre. Ainsi on pouvait céder, de même que les obligations pures et simples, les obligations à terme, les obligations conditionnelles, les obligations alternatives; les modalités dont les obligations peuvent être affectées n'apportent aucune entrave à leur transport (1). Ainsi on pouvait céder les créances nées de la violation d'un droit, de la revendication d'un droit réel, aussi bien que les créances dont la source est un contrat ou un délit, un quasi-contrat ou un quasi-délit. Une obligation naturelle pouvait-elle être cédée comme une obligation civile ? L'obligation naturelle est celle qui n'engendrait en droit romain qu'une exception, qui n'était pas pourvue d'une action civile ; on peut la définir : un devoir qui pourrait être l'objet d'une contrainte extérieure émanée de la force publique, à raison du caractère des actes auxquels il s'applique, mais que la loi n'a pas élevé au rang d'une obligation civile, ou auquel elle a enlevé ce caractère civil. Un texte de Paul établit formellement la possibilité de la cession de l'obligation naturelle : « Quamvis senatus de his actionibus transferendis loquatur, quæ jure civili heredi et in heredem competunt; tamen honorariæ actiones transeunt ; nulla enim separatio est. Imo et causa naturalium obligationum transit (2). »

70. Cependant cette règle générale sur la cessibilité des créan-

(1) 18, 4; 17 et 19.
(2) D., 50, 1; 40.

ces n'est pas tellement absolue qu'elle ne supporte quelques exceptions, et qu'elle ne doive subir une limitation nécessaire dans certains cas. Ces cas exceptionnels, dans lesquels la législation romaine n'admettait pas la cessibilité des créances, peuvent être rangés en deux catégories bien distinctes selon le principe qui avait nécessité cette mesure. Dans la première catégorie, on peut ranger les créances dont l'incessibilité était fondée sur un principe général ou sur la nature de la créance; dans la seconde, les créances dont l'incessibilité avait été déclarée par une disposition spéciale de la loi.

71. Parmi les créances incessibles à cause de leur nature ou d'un principe général qui le prohibe, sont à citer : — *a.* Les droits et créances qui ne faisaient pas partie du patrimoine : 1° les actions populaires qui pouvaient être intentées par tout citoyen romain dans l'intérêt général (1) ; 2° les actions *quæ spirant vindictam*, qui tendent à faire prononcer une condamnation pénale ; avant la *litis contestatio*, ces actions ne faisaient pas partie du patrimoine : « Injuriarum actio in bonis nostris non computatur, antequam litem contestemur (2). » Parmi ces actions, on doit citer l'*actio injuriarum*, l'action en révocation d'une donation pour cause d'ingratitude : « Hoc tamen usque ad primas personas tantummodo stare censemus, nulla licentia concedenda donatoris successoribus hujusmodi querimoniarum primordium instituere; etenim si ipse qui hoc passus est tacuerit, silentium ejus maneat semper (3); » et la *querela inofficiosi testamenti* : Pap. recte scribit : « Inofficiosi querelam patrem filii sui nomine instituere non posse invito eo; ipsius enim injuria est (4). » — *b.* Les créances qui avaient été attachées à la personne par une loi, ou par la nature même du droit, ou par la volonté des parties, parmi lesquelles on peut citer : les créances d'aliments léguées par testament : « Si ob transactionem alimentorum testamento relictorum datum sit, apparet posse repeti, quod datum est, quia transactio S.-C. infirmatur (5); » les

(1) D., 3, 3; 42 pr. — D., 47, 23; 5.
(2) D., 47, X; 28.
(3) C., 8, 46; 10.
(4) D., 5, 2; 8 pr.
(5) D., 12, 6; 23, § 2.

operæ libertorum officiales : « Officiales quidem futuræ nec cuiquam alii deberi possunt, quam patrono, cum proprietas earum et in edentis personâ et in ejus cui eduntur constitit (1). »

72. Dans la catégorie des créances incessibles en vertu d'une disposition spéciale de la loi, on trouve les créances litigieuses. Gaius avait dit déjà : « Si fundum litigiosum sciens a non possidente emeris, eumque a possidente petas, opponitur tibi exceptio per quam omnimodo summoveris (2), » Le principe général était l'incessibilité, l'inaliénabilité de toute chose litigieuse. Constantin établit que, à partir de la *litis contestatio*, « actiones quæ in judicium deductæ sunt, vel res pro quibus actor a reo detentis intendit, quibuslibet contractibus minime transferri ab eodem actore liceat; » les créances litigieuses sont tout à fait incessibles (3). Justinien modifia cette disposition par une distinction très-importante, dans la Constitution 4, au même titre (4). Si le cessionnaire connaissait le caractère litigieux de l'objet incorporel qu'il s'était fait céder, non-seulement la cession était nulle, mais encore le prix en était versé entre les mains du fisc; si au contraire il était de bonne foi, la cession était bien encore nulle, mais l'acheteur de la créance pouvait demander à son vendeur le remboursement du prix, à titre de peine, pour la *machinatio abscondita* dont celui-ci était coupable. Constantin avait posé dans sa Constitution la règle de l'incessibilité des créances litigieuses sans aucune exception; Justinien corrigea cette rigueur et diminua la prohibition : « Exceptis his qui vel dotis nomine, vel ante nuptias donationis, vel transactionis, aut divisionis rerum hereditarium factæ, vel per legati, vel per fideicommissi causam tales res, vel actiones dederint, vel acceperint, » La cession des droits litigieux fut permise pour cause de dot ou de donation *propter nuptias;* pour cause de legs ou de fidéicommis; pour faciliter une transaction ou un partage; toutes exceptions parfaitement justes et même nécessaires; dans tous ces cas, en effet, les motifs de la cession des droits litigieux étaient

(1) D., 38, 1; 9, § 1.
(2) Gaius, IV, 117.
(3) C., 8, 37; 2.
(4) C., 8, 37; 4.

on ne peut plus légitimes, excluaient toute idée de spéculation, et ne pouvaient pas participer à la défaveur légale qui empêchait la transmission de ces droits, transmission qui, en général, ne pouvait avoir que des inconvénients.

73. Quelles sont les personnes qui peuvent faire et accepter une cession de créances? En principe, toute personne à laquelle la loi permettait de contracter était également capable de faire ou d'accepter une cession non prohibée par la loi. Ce principe subissait dans le droit romain quelques exceptions, les unes ayant leur origine et leur cause dans des motifs d'ordre public, les autres ayant pour cause le caractère même de la cession, la nature du mandat au moyen duquel elle s'opérait. Ainsi une cession de créance ne pouvait être faite par des esclaves, même quand ils avaient la libre administration de leur pécule; ils ne pouvaient, en effet, exercer eux-mêmes aucune action, ni sans aucun doute, donner mandat de l'exercer, en déléguer l'exercice : *actionem intendere vetamus* (1); par des infâmes, qui ne pouvaient se faire représenter en justice : « Eas exceptiones quæ olim procuratoribus propter infamiam vel dantis vel ipsius procuratoris opponebantur, cum in judiciis nullo modo frequentari perspeximus, conquiescere sanximus (2). » Nous avons montré enfin qu'avant la *litis contestatio*, le cessionnaire *procurator*, ne devenant pas *dominus* de la créance, ne pouvait pas, dans l'origine, constituer lui-même un *procurator* à l'effet de faire valoir la créance à sa place, ne pouvait pas céder la créance : « Procuratorem ante litem contestatam facere procuratorem non posse (3); » depuis l'application des actions utiles à la cession, le *procurator* put toujours, même avant la *litis contestatio*, se substituer un second cessionnaire, constituer un *procurator*.

74. Une cession de créance ne pouvait pas être acceptée par des infâmes : « Qui pro aliis ne postulent; personas in turpitudine notabiles (4); par des femmes : « Propter sexum, ne contra pudicitiam sexui congruentem, alienis causis se immis-

---

(1) D., 5, 3; 55 pr.
(2) Instit. Just., IV, 13, § 11.
(3) D., 17, 1; 8, § 3.
(4) D., 5, 3; 1, § 5. Fr. V., § 324.

cant; ne virilibus officiis fungantur mulieres (1); » par des sol-
dats dans l'origine; sauf l'exception à cette régle établie plus
tard, on leur permit d'agir *procuratorio nomine*, seulement
dans leur propre intérêt; ils purent être *procuratores in rem
suam* : « Excepto eo qui in rem suam procurator datus est : vel
qui communem causam omnis sui numeri persequatur, vel sus-
cipit (2); » par les muets et les sourds : « Forsitan et ipsi
dantur procuratores, non quidem ad agendum sed ad adminis-
trandum (3); » par les aveugles : « Quamvis autem cœcus pro
alio postulare non possit (4); » par les *potentiores*, c'est-à-dire
ceux qui, par leur situation élevée, leur position sociale, leur
fortune, la crainte qu'ils inspiraient, ou les espérances qu'ils
faisaient concevoir, auraient pu, en abusant de leur pouvoir, directement ou non, exercer une influence quelconque sur l'issue
du procès, la sentence des juges, et rendre plus critique la situation du débiteur : « Divine constituit Claudius ut jacturâ causæ
afficerentur hi qui sibi potentiorum patrocinium advocassent;
ut hoc proposito metu judiciariæ lites potius suo marte discur-
rerent, quam potentiorum domorum opibus niterentur. — Si
cujuscumque modi actiones ad potentiorum fuerint delatæ personas, debiti creditores jacturâ mulctentur (5). » Telle était la
peine de la désobéissance à la loi : là cession de la créance était
nulle, le créancier perdait son droit, le débiteur était libéré.
C'est ainsi que Gaius statuait dans un cas à peu près analogue :
« Rem de quâ controversia est, prohibemur in sacrum dedicare :
alioquin dupli pœnam patimur; nec immerito : ne liceat eo
modo duriorem adversarii conditionem facere. »

75. Les tuteurs, les curateurs, ne pouvaient pas non plus devenir cessionnaires d'une créance contre la personne qui était
soumise à leur tutelle et à leur curatelle. Cette sage prohibition
avait pour causes le grand intérêt qu'inspirent les mineurs et les
personnes qui ne peuvent se gouverner elles-mêmes, la crainte

(1) D., 3, 1; 1, § 5.
(2) D., 3, 3; 54 et 8, § 2.
(3) D., 3, 3; 43.
(4) D., 3, 1; 1, § 5.
(5) C., 2, 14; 1 et 2.

de voir des tuteurs chargés de bien gouverner la fortune qui leur était confiée, abuser de leur situation pour nuire à leurs pupilles, et particulièrement, s'ils devenaient cessionnaires d'une créance contre eux, faire disparaître frauduleusement la preuve de la libération du débiteur. Peu importait, au reste, que la cession de la créance ait eu lieu avant la fin de la tutelle ou de la curatelle, ou seulement après, il suffisait toujours que l'obligation ait existé pendant la tutelle ou la curatelle pour que le tuteur ou le curateur ne pût invoquer cette cession contre le pupille; on aurait pu, en effet, prouver faussement la date de la cession. (Nov. 72.) Si, malgré la prohibition, la cession avait eu lieu : « Sciat omnino infirmum esse quod ab eo fuerit factum : et neque per se neque per interpositam personam tale aliquid agi : sed undique invalida hæc talia fieri, tanquam si neque ab initio facta fuerint; » la cession est complétement nulle, le mineur est libéré, sa dette n'existe plus; car le tuteur ou le curateur ne peut agir, ni par lui-même, ni par une autre personne, il ne peut agir ni contre le mineur, ni contre le cédant : « Et non solum donec fuerit curator, prohibemus eum ab hujusmodi cessione; sed neque postea gerere concedimus : ne forsan abscondat rem et præordinans illud male, postmodum dum a curâ cessaverit, rem maligne disponat (1). »

76. En dehors de ces quelques cas exceptionnels, où des raisons de force majeure avaient empêché la cession de la créance, cette convention pouvait avoir lieu en produisant tous ses effets entre toutes personnes, et pour toutes les créances ; ainsi un fils pouvait parfaitement devenir cessionnaire d'une créance contre son père, comme un père pouvait le devenir d'une créance contre son fils ; il est vrai que cette cession ne produisait son effet qu'à la cessation de la puissance paternelle, étant contraire aux principes de la législation romaine qu'un fils pût exercer une action contre son père, et réciproquement. Nous connaissons la plupart des effets que produisait la cession, mais nous avons encore quelques détails à donner sur ce sujet.

(1) Nov. 72, ch. V.

CHAPITRE SIXIÈME.

Des effets de la cession des créances.

---

§ 1. — EFFETS DE LA CESSION A L'ÉGARD DU CÉDANT.

77. La cession des créances avait lieu, soit à titre onéreux, soit à titre gratuit; le plus souvent la cession provenait de la vente de la créance. Le cédant eut à remplir à l'égard du cessionnaire des obligations différentes selon l'époque à laquelle on se place. Dans la période de la législation antérieure à Justinien, à l'époque de la procédure formulaire, où le mandat *ad litem* servait de moyen indirect pour transmettre d'un patrimoine à un autre les droits d'obligation, le cédant, c'est-à-dire celui qui s'était engagé à faire profiter un tiers du bénéfice de la créance, moyennant un prix déterminé en argent, s'engageait par là même à donner au tiers cessionnaire le mandat d'exercer l'action principale née de la créance et les actions accessoires. Ceci résultait du caractère juridique de la cession et de la nature de la vente, qui n'était pas translative de la propriété, même des choses corporelles, mais seulement productive d'obligations.

78. En s'engageant à transférer la créance, le cédant se trouvait donc soumis aux obligations suivantes : il devait constituer le cessionnaire *procurator* à l'effet d'exercer toutes les actions relatives à la créance cédée. Par conséquent le cessionnaire devait recevoir le mandat nécessaire pour exercer l'action principale et toutes les autres actions accessoires, les garanties de la créance dans la limite que nous avons établie plus haut : les actions hypothécaires, les actions contre les fidéjusseurs; « Venditor actionis quam adversus principalem reum habet, omne jus, quod ex eâ causâ ei competit, tam adversus ipsum reum, quam adversus intercessores hujus debiti cedere debet, nisi aliud ac-

tum est (1). » De plus, le cédant doit remettre à son successeur
à titre particulier les *instrumenta*, titres de l'obligation, au
moyen desquels celui-ci pourra exercer l'action, en un mot, tout
ce qui pourra lui être utile pour arriver à obtenir le bénéfice de
la créance.

79. D'un autre côté, le cédant doit s'abstenir de tout acte qui
serait contraire à la convention intervenue et qui pourrait nuire
à son ayant cause, par exemple de toute poursuite contre le débiteur, de toute acceptation de paiement de sa part, à moins qu'on ne
soit convenu du contraire. Autrement, si le cédant manquait
à son obligation, si par une poursuite ou à l'amiable il obtenait
le paiement de son débiteur, si celui-ci pouvait obtenir sa libération entre d'autres mains que celles du cessionnaire, le cédant
devrait lui tenir compte de tout ce qu'il aurait touché pour lui,
« Nominis venditor quidquid vel compensatione vel exactione
fuerit consecutus, integrum emptori restituere compelletur. » Le
cédant devait enfin garantir l'efficacité de la créance, garantie
très-peu étendue.

80. A l'époque de Justinien, la cession des créances a reçu de
bien grandes améliorations : on a procuré au cessionnaire une
sûreté entière au moyen de la *denuntiatio* et des actions utiles ;
il n'a plus besoin du mandat qui est toujours sous-entendu, qui
existe par la seule force de la loi, et qui est tacitement compris dans
tout acte par lequel une personne dispose au profit d'une autre
d'un droit de créance. Le caractère juridique de la cession n'est
évidemment pas modifié, nous l'avons montré. Le cessionnaire
est toujours un mandataire, exprès ou tacite, mais il ne peut
plus exiger du cédant l'obtention d'un mandat formel. Les obligations du cédant se bornent donc dans la dernière période à la
garantie de la créance, à la délivrance des titres qui constatent
l'obligation et sont nécessaires pour la poursuite.

81. Mais la garantie est-elle la même en matière de vente des
créances qu'en matière de vente des choses corporelles ? Le vendeur est, en général, obligé de garantir l'acheteur de toute

(1) D., 18, 4 ; 23.

éviction, de lui assurer la paisible jouissance de l'objet vendu.
Quand il s'agit au contraire de cession de créances, l'obligation
de garantie doit être bien moins étendue que dans la vente ordinaire. La théorie de la garantie en matière de cession est contenue tout entière dans le titre du Digeste *de Hered. vel act. venditâ :* « Si nomen sit distractum, locupletem esse debitorem, non
debere præstare ; debitorem autem esse, præstare nisi aliud
convenit. — Si certæ summæ debitor dictus sit, in eam summan
tenetur venditor : si incertæ et nihil debeat, quanti intersit
emptoris (1). » Ainsi le vendeur ne répond pas que le débiteur soit riche, mais il doit garantir que le débiteur existe,
qu'il y a un débiteur ; si la dette est d'une somme certaine, le
vendeur doit garantie de toute la somme annoncée; si la dette
est d'une somme incertaine, il doit garantie jusqu'à concurrence
de l'intérêt que l'acheteur aurait eu à ce que la créance fût efficace entre ses mains. Le vendeur ne répond pas de la solvabilité
du débiteur, il ne garantit que l'existence de la dette.

82. Mais il faut que la dette existe ; et, en effet, si le vendeur
avait cédé une créance qui n'existait pas, la vente était nulle,
faute d'objet ; le contrat n'avait pu se former, donc pas d'action
en garantie, une simple action personnelle en dommages-intérêts; par conséquent, l'acheteur n'avait contre le vendeur
qu'une *condictio sine causâ* pour la restitution du prix et les
dommages-intérêts, non une action *empti :* « Cum hereditatem
aliquis vendidit, esse debet hereditas, ut sit emptio; nec enim
alea emitur, sed res; quæ si non est, non contrahitur emptio,
et ideo pretium condicetur (2). » La créance vendue peut exister
sans que l'action qui y était attachée puisse être exercée, par
exemple : si elle est paralysée par une exception perpétuelle;
dans ce cas, il y a eu très-certainement une vente, et l'acheteur
a contre le vendeur, non une *condictio sine causâ*, mais l'*actio
empti :* « Et quidem sine exceptione quoque, nisi in contrarium
actum sit; creditores accipiendos esse constat eos quibus debe-

(1) D., 18, 4; 4 et 5.
(2) D., 18, 4; 7.

tur ex quâcumque actione; vel persecutione, vel jure civili sine
ullâ exceptionis perpetuæ remotione (1). »

83. Si la créance était accompagnée de certaines garanties accessoires, telles que gages, hypothèques, cautionnements, le
vendeur n'était responsable de leur inexistence que s'il en avait
été fait une mention spéciale dans le contrat de vente. Ces accessoires sont les qualités de la créance, que le vendeur doit
garantir d'une façon formelle, pour qu'on puisse lui en opposer
la perte et l'extinction : *si dicta sint* (2). Lorsque le vendeur,
d'après les termes du contrat, est responsable de l'existence des
accessoires de la créance, l'acheteur a contre lui l'*actio æstima-
toria* ou *quanti minoris*, qui tendait à une diminution du prix,
par analogie de ce qui avait lieu en matière de servitudes et
d'usufruit (3). Si par une clause formelle le *venditor* s'est obligé
à supporter l'insolvabilité du débiteur, cette promesse ne s'entend
que de la solvabilité actuelle et non de la solvabilité à venir,
cette clause devant toujours s'interpréter d'une façon restric-
tive. Les parties sont maitresses d'adjoindre à leur convention
toutes les clauses qu'elles veulent, soit pour étendre, soit pour
restreindre l'obligation et les effets de la garantie : si elles con-
viennent que le vendeur n'est pas tenu de l'obligation de garantie, il ne doit, en cas d'éviction, payer à l'acheteur que le prix
de vente, sans dommages-intérêts ; et même, si celui-ci avait
connu l'exception qui devait paralyser l'action, le vendeur n'était
pas légalement obligé de lui restituer le prix de vente qu'il aurait touché.

§ 2. — DES EFFETS DE LA CESSION À L'ÉGARD DU CESSIONNAIRE.

84. Nous avons montré plus haut quelle était la situation du
cessionnaire à l'égard du débiteur, quelles garanties il pouvait
invoquer contre lui. De plus, le cessionnaire, devenu *procurator*

(1) D., 18, 4; 5. — D., 50, 16; 10.
(2) D., 18, 1; 66 pr. — D., 21, 2; 75.
(3) D., 21, 1; 61. — D., 21, 2; 15, § 1.

in rem suam, avait certaines obligations à remplir envers le cédant. Sa principale obligation, à propos d'une cession à titre
onéreux, était de payer son prix de vente entre les mains de son
vendeur et de lui en transférer la propriété ; il n'était tenu d'aucune obligation de ce genre quand la cession avait eu lieu à titre
gratuit. L'acheteur, outre le prix principal, doit encore les accessoires de ce prix, les intérêts à partir de la cession, c'est-à-
dire de l'exécution du contrat de vente de la créance, mais à cette
condition, cependant, que les parties aient soumis le cessionnaire
à cette obligation, et que la créance vendue fût elle-même productive d'intérêts : « Post rem traditam, ut post cessionem, nisi
emptor statim pretium exsolvat, usuras ejus præstare cogendus
est. — Item usuræ pretii post diem traditionis, id est cessionis
in nostro casu, quia cessio est quasi-traditio, nam cùm re emptor
fruatur, æquissimum est eum usuras pretii pendere. » L'acheteur
était aussi tenu des intérêts du prix en cas de mise en demeure.

85. Le *procurator* pouvait avoir besoin dans certaines circonstances de s'adresser au cédant pour que celui-ci vînt,
soit affirmer son droit, soit le défendre contre des attaques
des tiers. Ainsi, lorsque la créance était sous la protection
d'un gage, le cessionnaire actionné en revendication de ce gage
par un tiers ne pouvait y répondre seul et était obligé de dénoncer cette poursuite au cédant en lui donnant le temps suffisant pour qu'il pût s'y opposer et la repousser. Cette dénonciation : *litem denuntiare, auctorem laudare*, est nécessaire pour
que le cédant et par conséquent le cessionnaire puissent se
mettre à l'abri des contestations du poursuivant, et il y avait
faute de la part du cessionnaire quand il gardait le silence : « Si
cum possit emptor denuntiare auctori, non denuntiasset ; idemque victus fuisset, quoniam parum instructus esset ; hoc ipso
videtur dolo fecisse, et ex stipulatu agere non potest. — Præsenti
venditori denuntiandum est ; sive autem absit, sive præsens sit,
et per eum fiat, quo minus denuntietur, committetur stipulatio (1). Si l'acheteur ne faisait pas cette *denuntiatio* il perdait

(1) D., 21, 2; 55, § 1, 55, § 1.

contre le débiteur l'action *pigneratitia contraria*, et par conséquent l'action *quanti minoris* contre le vendeur, puisqu'il avait à
se reprocher une trop grande négligence.

§ 3. — Des effets de la cession a l'égard du débiteur.

86. La cession d'une créance, convention entre le cédant et le
cessionnaire, est une *res inter alios acta* qui ne doit avoir aucune
influence sur la position du débiteur cédé; la situation de celui-ci
ne doit éprouver aucune modification; et cet effet est produit
non-seulement parce que la cession a eu lieu en dehors de la
présence du cédé, mais encore parce que le cessionnaire n'est
que le *procurator* du cédant, n'exerce que l'action primitive;
rien n'est changé dans les rapports du poursuivant et du poursuivi. Par conséquent, toutes les exceptions *rei cohærentes* qui
auraient pu être opposées au cédant, sont également opposables
au cessionnaire du fait du débiteur (1). Cela tient à ces raisons tirées de la nature des choses: « Nemo plus juris ad
alium transferre potest quam ipse habet; nihil interest ipso
jure quis actionem non habeat an per exceptionem infirme-
tur (2); » et de l'équité, au nom de laquelle la situation du
débiteur ne peut être rendue pire par le fait de son créancier.
Le débiteur peut opposer au créancier cessionnaire la transaction qu'il a faite avec le cédant : « Exceptio transacti negotii dé-
bitori propter ignorantiam suam accommodanda est, » et opposer la compensation de ce que lui devait le cédant: « Si utrum-
que compensare velit audiendus est (3). »

87. L'exception tirée d'un pacte *de non petendo* lorsque par
exemple un pacte a été conclu entre le cédant et le débiteur cédé,
est-elle opposable au cessionnaire? On a prétendu que non, en se
fondant sur la loi *de Pactis*. Un fils de famille ou un esclave a fait
un pacte de remise; *ne ipse peteret, inutile est pactum;* si le pacte

(1) C., 4, 39; 5. D., 2, 15; 17.
(2) D., 50, 17; 54 et 112.
(3) D., 16, 2; 5.

de remise est *in rem*, « ne pecunia peteretur, pactio rata habenda erit adversus patrem dominumque ; quod non est expeditum, » ajoute le jurisconsulte, « nam cum verum est donandi jus cum non habere : sequitur ut si donandi causâ de non petendâ pecuniâ pactus sit, non debeat ratum haberi pactum conventum (1). » Le pacte n'est opposable ni au père ni au maître, si ce pacte a été fait *donandi animo*. Le père et le maître, a-t-on dit, sont les cessionnaires du fils et de l'esclave, et ne peuvent se voir opposer un pacte fait par une personne soumise à leur puissance ; en généralisant cette solution, on arrive à trouver qu'un pacte de remise fait par le cédant, ne peut jamais être opposé au cessionnaire. L'objection que l'on tire de cette loi ne nous paraît pas très-fondée, car l'idée qui lui sert de base ne paraît pas sortir de l'exemple choisi par le jurisconsulte. Cette loi ne s'occupe en rien de la cession des créances, nous ne trouvons là ni cédant ni cessionnaire ; le pacte de remise n'est pas opposable au père et au maître, cela est évident, mais par des raisons tout à fait différentes de celles que l'on met en avant. Le pacte ne peut préjudicier ni au père ni au maître, parce que l'obligation qui avait été contractée envers le fils et l'esclave avait créé un droit qui était entré définitivement dans le pécule. Et lors même que le fils ou l'esclave aurait la libre administration de son pécule, le droit faisant partie du pécule a été acquis sans rémission par le père et par le maître, et l'aliénation à titre gratuit ne peut plus se faire sans la participation, sans la volonté du père et du maître, qui sont devenus propriétaires irrévocables de l'obligation.

88. Cette loi ne pouvant servir de base bien solide à l'opinion d'après laquelle un pacte intervenu entre le cédant et le cédé n'est pas opposable au cessionnaire, on a cherché à la consolider par des raisons tirées de la loi 57 au même titre : « Si ex alterâ parte in rem et alterâ in personam pactum conceptum fuerit, veluti ne ego petam, vel ne a te petatur, heres meus ab omnibus vobis petitionem habebit, et ab herede tuo omnes petere poterimus. » Le créancier est convenu que le paiement de la dette ne

(1) D., 2, 14 ; 28, § 2.

pourra être exigé ni pendant la vie du créancier, ni pendant la vie du débiteur; le jurisconsulte décide que le pacte *ne ego petam* ne pourra pas être opposé aux héritiers du créancier, et que le pacte *ne a te petatur* ne pourra pas être opposé par les héritiers du débiteur. On a essayé de conclure de cette décision que le cessionnaire, devenu successeur particulier du créancier, ne peut se voir opposer le pacte de *non petendo* intervenu entre le cédant et le débiteur. Cette conclusion ne paraît guère admissible; la loi 57 n'est pas applicable au cessionnaire. Par le pacte *ne ego petam*, le créancier a promis de ne pas exiger le paiement de son vivant; or, le cessionnaire, comme *procurator* du créancier, agit de son vivant et prend sa place : il ne peut donc être assimilé à l'héritier; de ce que l'action de celui-ci ne pouvait être paralysée par l'*exceptio pacti conventi*, il ne résulte pas que cette *exceptio* ne soit pas opposable au cessionnaire.

89. L'*exceptio doli mali*, opposable au cédant par le débiteur cédé, est-elle également opposable au cessionnaire ? Une loi a été mise en avant pour le soutien de la négative : « Si cum legitima hereditas ad te pervenerit, et ego essem heres institutus, persuaseris mihi per dolum malum ne adeam hereditatem; et postcaquam ego repudiavi hereditatem, tu eam cesseris S. pretio accepto ; isque a me petat hereditatem, exceptionem doli mali ejus qui ei cessit, non potest pati (1). » Le cessionnaire de l'hérédité ne peut souffrir de l'exception tirée du dol du cédant; mais il n'en est pas de même dans le cas de cession d'une créance; le cessionnaire n'agit pas comme propriétaire d'un droit qui lui aurait été transmis par le cédant, il fait valoir un droit personnel qui appartient au cédant qu'il représente. Il vaut mieux croire que l'*exceptio doli* fondée sur un dol du cédant à l'égard du débiteur pouvait être opposée au cessionnaire, c'est du moins ce qui paraît résulter de deux textes applicables à notre question : « Procuratoris autem scientiam et dolum nocere debere domino, neque P. dubitat, nec nos dubitamus (2); —

---

(1) D., 44, 4; 4, § 28.
(2) D., 14, 4; 8 pr.

sed si per procuratorem scientem quis emerit, ei nocet (1). »

90. Les autres exceptions *nec rei cohærentes* étaient opposables au cessionnaire comme elles l'étaient au cédant; car, pour le débiteur, c'est toujours le cédant qui exerce l'action, tout doit avoir lieu comme si la cession n'avait pas été faite ; ainsi l'exception *quatenus facere possit* est opposable au cessionnaire comme au cédant lui-même : « Si minus in peculio inveniatur quam persequimur, eatenus condemnat judex, quatenus in peculio sit. — Si de dote judicio mulier agat, placet eatenus maritum condemnari debere quatenus facere possit, id est quatenus facultates ejus patiuntur (2). » Outre ces exceptions opposables au cessionnaire du chef du cédant, le débiteur peut sans aucun doute opposer au cessionnaire des exceptions nées de conventions passées entre lui et ce dernier ; cela est incontestable, le cessionnaire agit comme mandataire, c'est vrai, mais il agit *in rem suam*, dans son propre intérêt, il est personnellement obligé par ses contrats à l'égard du débiteur.

APPENDICE.

Constitutions d'Anastase et de Justinien.

91. Des constitutions impériales, ainsi que nous l'avons fait remarquer, avaient établi des restrictions relatives à la cession des créances ; restrictions qui concernaient les *potentiores* ou se rapportaient à la cession des créances litigieuses. Il restait encore à combattre quelques abus qui se produisaient dans la cession des créances, en dehors des cas exceptionnels; en premier lieu, la spéculation sur l'achat et la vente des créances. Des personnes adroites trouvaient par toutes les ruses le moyen d'obtenir à vil prix des créances considérables, et aussitôt qu'elles en

(1) D., 40, 12; 22, § 8.
(2) Inst., 4, 6, §§ 36 et suiv.

étaient nanties, poursuivaient, sans ménagements et avec toutes les rigueurs de la loi, les débiteurs qui pouvaient espérer plus de douceur de leurs créanciers primitifs. L'empereur Anastase, pour mettre un frein à ces abus qui ne connaissaient plus de bornes, décida par la célèbre constitution *per diversas*, que tout cessionnaire d'une créance à titre onéreux ne pourrait exiger du débiteur que la somme même qu'il aurait déboursée avec les intérêts : « Si quis datis pecuniis hujusmodi subierit cessionem, usque ad ipsam tantummodo solutarum pecuniarum quantitatem, et usurarum ejus actiones exercere permittitur. » Cette loi était générale et s'appliquait dans tous les cas, sans que l'on eût à considérer si la créance avait été achetée à vil prix ou non, dans un but de spéculation ou dans un but honnête, pour rendre service au créancier.

92. Des exceptions formelles étaient seulement faites pour les héritiers, pour les légataires qui recevaient des créances en paiement de leur part d'hérédité ou de leurs legs, et pour les donataires des créances ; à toutes ces personnes, on ne pouvait reprocher aucune idée de spéculation. Le débiteur opposait au cessionnaire, pour le surplus du prix par lui payé, l'exception *ex lege Anastasiana*, mais cette exception laissait subsister une obligation naturelle (1). Quant au cédant, il n'avait plus aucun droit à l'égard du débiteur, car il avait renoncé, au profit du cessionnaire, au bénéfice de sa créance tout entière. Les spéculateurs revinrent vite de la surprise que leur avait causée cette constitution ; ils avaient cherché et trouvé le moyen de l'éluder dans la constitution elle-même : la cession à titre gratuit de la créance ne tombait pas sous le coup de la prohibition ; il était facile de faire une donation simulée, ou bien une vente pour partie jusqu'à concurrence de la somme payée, et une donation pour le surplus, soit au cessionnaire, soit à une personne interposée ; la constitution devenait complètement inutile.

93. Justinien s'en aperçut et essaya de la remettre en vigueur

_____

(1) C., 12, 6, 40.

en y apportant une légère, mais bien utile modification. Il décida que ces ventes de créances accompagnées de donations, n'étaient censées faites qu'en vue d'éluder la prohibition anastasienne, et que comme telles, elles seraient nulles, du moins pour partie : la vente serait valable pour la somme fixée, la donation serait considérée comme non avenue : « Hujus modi machinationem penitus amputamus, ut nihil amplius accipiat quam ipse vero contractu re ipsâ persolvit ; sed omne quod superfluum est, et per figuratam donationem translatum, inutile esse ex utrâque parte censemus ; et neque ei qui cessit actiones, neque ei qui eas suscipere curavit, aliquid tueri vel fieri vel remanere (1). » Puis Justinien, trouvant qu'Anastase avait toléré un trop grand nombre d'exceptions au principe posé, décida que ces exceptions elles-mêmes seraient supprimées et que la loi serait générale, sauf pour le cas de gratuité absolue : « Inveniens in eâ quasdam personas exceptas, præcipit et in iisdem personis hanc legem observari, neque superioris legis exceptione uti, sed ut emptor pecunias recipiat aut usuras (2). »

95. Lorsqu'une difficulté s'élevait entre le cessionnaire et le débiteur sur le prix de vente de la créance, qui devait faire la preuve du *quantum* de ce prix ? Évidemment le cessionnaire, c'est lui qui demande, qui agit, *actori incumbit probatio*, sauf au débiteur à combattre cette preuve par tous les moyens qui sont à sa disposition ; du reste, comment exiger de ce débiteur la preuve d'une convention à laquelle il n'a pas assisté, dont il ne connaît pas les termes, dont tous les instruments sont entre les mains du cessionnaire ? On ne pourrait lui imposer une obligation aussi lourde, même aussi impossible ; mais on ne peut pas non plus lui refuser le bénéfice de la preuve contraire, s'il parvient à se procurer des titres à opposer à la prétention du demandeur. Mais, ainsi que nous l'avons dit, le débiteur reste tenu, dans tous les cas, d'une obligation naturelle envers le cessionnaire.

(1) C., 4, 55; 23.
(2) L., 4, 55; 24.

DROIT FRANÇAIS

DE LA SUBROGATION A L'HYPOTHÈQUE LÉGALE

DE LA FEMME MARIÉE

INTRODUCTION.

Notions générales sur la subrogation à l'hypothèque légale.

1. Sous la législation romaine, comme sous les différentes législations qui lui ont succédé, les sûretés auxquelles la femme mariée semble avoir droit à titre de garantie exceptionnelle contre les pouvoirs du mari sur les biens dont il dispose, ont toujours été l'objet d'une préoccupation spéciale de la part des autorités chargées de faire la loi. Les jurisconsultes romains n'accordèrent d'abord à la femme qu'une action personnelle contre son mari, *privilegium quod inter personales actiones vertitur*, un simple droit de préférence à l'égard des créanciers chirographaires du mari, non opposable aux créanciers hypothécaires. Justinien fit plus : il ne vit que la femme et lui sacrifia tout ; il lui accorda une hypothèque tacite et générale sur les biens du mari, droit de préférence exorbitant qui lui permettait de primer tous les créanciers hypothécaires du mari, même antérieurs au mariage. C'était une violation flagrante des droits acquis aux tiers, une atteinte mortelle portée au crédit.

2. L'ancienne jurisprudence française s'empara de l'idée de

B

Justinien, mais la réduisit à des proportions raisonnables ; elle transforma le privilége en une simple hypothèque, résultant, tantôt de la loi, quand il n'y avait pas eu de contrat de mariag ; tantôt du contrat de mariage qui avait été dressé, par application de ce principe général que les actes reçus par un notaire compétent, et revêtus de toutes les formes exigées, emportaient hypothèque sur tous les biens présents et à venir des personnes qui y avaient été parties, pour toutes les obligations contractées. S'il y avait contrat de mariage, l'hypothèque de la femme datait du jour même de ce contrat ; s'il n'y avait pas eu contrat, l'hypothèque légale ne datait que du jour de la célébration du mariage.

3. Pendant quelques années, l'hypothèque légale de la femme disparut de notre droit français ; la loi du 9 messidor an III ne reconnaît que l'hypothèque résultant des actes publics et des jugements, et proscrit toute hypothèque tacite. La loi du 11 brumaire an VII modéra cette trop grande rigueur, et suivant l'exemple des législations antérieures, rétablit l'hypothèque légale ; mais en la dispensant de sa production conventionnelle ou judiciaire, elle la soumit, comme toutes les autres, au régime de la publicité, et ne lui accorda d'effet que par l'inscription prise sur les régistres des hypothèques, à dater seulement de cette inscription.

4. Le Code civil a tacitement abrogé la loi de brumaire, et consacré à nouveau le système de l'ancienne jurisprudence, avec de légères modifications. L'hypothèque de la femme est toujours légale, résulte du fait seul du mariage, et existe indépendamment de toute inscription. La femme, ni par son contrat de mariage, ni par toute autre convention intervenue entre elle et son mari, ne peut renoncer au bénéfice que lui accorde et lui impose la loi. L'hypothèque légale est tacite, elle reste et restera toujours occulte pendant le mariage ; quoique le Code, dans les articles 2136 à 2130, ait essayé de prendre des mesures pour en assurer la publicité, ses prescriptions ne sont pas suivies, la pratique s'en dispense complétement.

5. Les effets que produit l'hypothèque légale de la femme sont faciles à déterminer : elle garantit la restitution de tout ce que le mari doit à sa femme ; la règle à cet égard se trouve posée dans l'article 2121, qui ne fait aucune distinction : l'hypothèque légale est attribuée aux droits et créances de la femme sur les biens du mari ; tout ce que la femme pourra, à quelque titre que ce soit, réclamer à son mari, lui est assuré par son hypothèque. On trouve bien, dans l'article 2135, une énumération de créances qui peuvent appartenir à la femme, mais il ne faudrait pas croire, d'après ces exemples, que toutes les créances qui n'y sont pas comprises soient destituées de l'hypothèque légale. Cet article, en effet, n'a jamais eu pour but de prononcer sur l'existence même de l'hypothèque et sur le droit que la femme peut avoir à y prétendre, mais seulement d'assigner des rangs différents aux diverses créances qu'il énumère. Le Tribunat, en effet, a rejeté avec raison l'opinion qui consistait à n'assigner qu'un seul et même rang à toutes les reprises de la femme, quelle que fût leur nature, et à les faire remonter toutes au jour du mariage ; il voulut, pour éviter une fraude possible entre époux, contre les tiers, que le rang de l'hypothèque concordât avec le moment où il y a eu de la part du mari une administration qui seule peut faire le fondement de l'hypothèque ; et que l'hypothèque ne pût jamais naître avant la créance qu'elle est destinée à garantir. Remarquons seulement, sur cet article 2135, que les créances de la femme, ayant des dates distinctes, sont couvertes par des hypothèques qui ont les mêmes dates correspondantes, et que les tiers subrogés à ces créances et à ces hypothèques ne peuvent jamais invoquer, soit respectivement entre eux, soit à l'égard des autres créanciers, que le rang de ces mêmes hypothèques; par conséquent, et pourvu que l'inscription de la subrogation soit prise conformément à l'article 9 de la loi de 1855, le rang que les subrogés pourront invoquer sera toujours le rang dans lequel la femme serait venue faire valoir sa sûreté hypothécaire pour la créance correspondante qu'elle garantit ; en un mot : le subrogé est entièrement mis aux lieu et place de la

femme. Nous dirons enfin que l'hypothèque légale frappe tous les immeubles présents et à venir du mari, mais n'affecte définitivement que ceux dont il est devenu propriétaire incommutable ; et sous le régime de la communauté, les conquêts, qui sont, pendant le mariage, supposés, à l'égard des tiers, former partie intégrante du patrimoine du mari, sauf, quant à ces derniers effets, l'acceptation ou la renonciation de la femme à la communauté (1).

6. L'hypothèque générale et tacite sur les biens du mari ne fut pas admise, à la naissance du Code, sans susciter de graves débats et soulever de vives oppositions ; depuis lors, les attaques et les réclamations se sont multipliées contre elle. La situation du mari est, en effet, tout exceptionnelle ; il a fallu tout l'intérêt qu'inspirent la femme et son impuissance à sauvegarder ses droits pendant le mariage pourqu'on lui ait conservé ce secours, si onéreux pour le mari, si contraire au crédit public, et si peu protecteur du droit des tiers. Les personnes qui contractent avec le mari, ne savent, en général, rien des relations pécuniaires qui existent entre les époux, et le sauraient-elles, qu'elles ne pourraient prendre aucune précaution pour éviter d'être trompées. Un créancier obtient une hypothèque, la fait inscrire et se croit en sûreté ; il s'apercevra trop tard que cette garantie n'est qu'illusoire, au moment où la femme fera valoir son hypothèque légale, qui primera toutes les autres. D'un autre côté, le mari vend-il un de ses immeubles, l'hypothèque légale s'est étendue sur lui ; l'acheteur ne trouvera sa sécurité qu'à une condition : il devra opérer la purge, formalité pleine de lenteurs et grosse de frais ; il le devra dans tous les cas, que la femme ait ou non des créances sur son mari ; que ces créances soient considérables ou de peu d'importance, il n'en sait rien, il n'en peut rien savoir. Aussi que de fois la doctrine et la pratique ont-elles essayé, mais en vain, de s'insurger contre cette force occulte et inébranlable de l'hypothèque légale. La loi est restée sourde à toutes les récla-

(1) Aubry et Rau, 261 ter, texte et notes 29, 30 et 31.

mations et a résisté à toutes les attaques ; on n'a pas encore su
lui présenter un meilleur système. Que proposait-on, en effet,
en 1851, au jour de la discussion devant l'Assemblée législative ?
D'un côté (1), d'en revenir à la loi de brumaire, d'exiger l'inscription de l'hypothèque sous peine de non-existence, et de ne
donner rang à l'hypothèque que du moment où elle serait rendue
publique. Alors la femme restait sans défense : par ignorance,
elle n'aurait pas exigé l'inscription ; le mari y aurait bien pensé,
mais aurait-il voulu tuer du coup son crédit, et n'aurait-il pas le
plus souvent écouté la voix de l'intérêt ? La fortune de la femme
était nécessairement compromise. D'un autre côté (2), on proposait la suppression complète de l'hypothèque légale ; on se
fondait, d'abord sur les motifs que nous avons donnés, puis sur
des raisons morales tirées de la situation respective des époux,
de la confiance que la femme doit avoir en son mari, de l'incon-
venance qui consiste à imposer à la femme des garanties contre
la mauvaise administration de son mari, lorsqu'elle lui abandonne le soin de son bonheur, qu'elle lui livre sa personne et sa
vie entière ; enfin, sur l'inégalité forcée entre la situation du
mari dont la fortune est immobilière, et celle du mari dont la
fortune est mobilière : dans le premier cas, le mari enchaîné par
l'hypothèque et la femme accablée de sûretés ; dans le second, le
mari complétement libre et la femme sans garantie.

7. Théoriquement, il est difficile de répondre aux objections
tirées du danger de l'hypothèque légale pour les tiers, mais
nous verrons bientôt que la pratique a essayé de remédier aux
inconvénients et qu'elle y a en partie réussi ; tandis qu'il est
facile de répondre à ces dernières objections morales : la confiance de la femme peut parfaitement s'arrêter à l'administration
de sa fortune, et l'on voit tous les jours la femme prendre des
précautions, soit dans son contrat de mariage, soit pendant le
mariage, par la demande en séparation de biens, ce qui n'altère
en rien les bonnes relations qui existent entre les époux ; le mari

(1) Rapport de M. Vatimesnil en 1851.
(2) MM. Valette, Wolowski.

doit être le premier à considérer comme juste que la femme ait une garantie contre les fautes qu'il peut commettre, et contre les engagements qui compromettent la fortune qui lui est confiée. Du reste, au lieu de considérer comme chose immorale que le mari n'ait pas liberté entière pour disposer des biens de la femme, nous serions bien plus tenté d'admettre une opinion tout à fait contraire, et de trouver bien plus moral que chacun des époux pût administrer ses biens comme il l'entend, et n'eût de comptes à rendre à l'autre qu'en ce qui touche les charges du ménage et l'éducation des enfants. Cette décision, qui nous paraît sur bien des points préférable à celle qui donne au mari toute l'administration et un droit de disposition très-large, pourrait faciliter la solution du problème et amener l'amélioration demandée en supprimant l'hypothèque légale sans danger pour la femme, qui, du reste, la plupart du temps, donnera à son mari le mandat d'administrer en son nom. Ce système, très-rationnel selon nous, aurait le tort d'apporter des modifications trop grandes à l'ensemble de notre législation, et d'être peut-être encore trop contraire aux mœurs et aux idées françaises. Quant à la dernière objection, tirée de la différence entre la fortune mobilière et immobilière, il y a inégalité, certainement, entre les deux cas; mais de ce qu'on n'a pas encore trouvé le moyen, sous la loi actuelle, d'accorder à la femme des garanties sur la fortune mobilière de son mari et de la prémunir contre une ruine possible, s'ensuit-il logiquement qu'il ne faut lui en accorder aucune sur la fortune immobilière, et de ce qu'on peut faire disparaître si facilement sa fortune mobilière, s'ensuit-il forcément qu'il faille accorder les mêmes facilités pour faire disparaître la fortune immobilière? Quoi qu'il en soit, le législateur a maintenu, et a eu raison, selon nous, de maintenir l'hypothèque légale; mais il a eu le tort de ne pas indiquer de remèdes sérieux contre les funestes résultats que devait entraîner l'application d'un principe non réglementé, qu'on laissait à la pratique seule le droit d'appliquer et de développer; il a eu le tort de ne pas établir, tout en conservant à la femme ses précieuses garanties, le moyen de les affaiblir et même d'y renoncer quand les circonstances l'exigent.

8. Ce que la loi n'a pas fait, la pratique a tenté de le faire. Il fallait, dans l'intérêt de tous, que cette sûreté exceptionnelle, excellente en soi avec le système admis par la loi sur les rapports pécuniaires des époux, pût, au moment nécessaire, disparaître, au moins en partie, pour le plus grand bienfait de la société conjugale. C'est de là qu'est sortie la subrogation à l'hypothèque légale, qui s'est imposée par la force même des choses, et qui s'est peu à peu organisée sous la pression de la nécessité. Les remèdes offerts par la loi étaient en effet impuissants à satisfaire la rapidité des conventions et surtout l'activité des transactions commerciales; sous le code, la femme, autorisée par son mari, pouvait céder ses créances à des tiers (1690 C. c.), comme elle pouvait faire toute autre aliénation, ou s'engager solidairement avec son mari envers les créanciers (1431 C. c.); mais que d'inconvénients dans ces deux cas! si elle trouvait à céder ses créances, elle ne les vendait qu'avec perte, l'acheteur courait trop de chances et était obligé d'attendre souvent bien longtemps; si l'on exigeait son engagement solidaire, elle se trouvait exposée à l'action personnelle du créancier, obligée de payer souvent une dette qui n'était réellement pas la sienne, et de faire des avances onéreuses : les deux moyens étaient évidemment insuffisants. Il fallait imaginer une combinaison à l'aide de laquelle la femme conservait intacte sa créance contre son mari, et céderait seulement son droit de préférence, son hypothèque légale. On trouva la subrogation, opération qui évite à la femme l'obligation personnelle, laisse sa créance intacte, et ne lui enlève, à l'égard d'un tiers créancier, que le droit d'invoquer contre lui sa garantie exceptionnelle, son droit de préférence.

9. La dénomination de subrogation à l'hypothèque légale indiquait parfaitement, dans l'idée de ceux qui employaient ce moyen, le résultat qu'ils voulaient obtenir, et les effets de la convention nouvelle. On a vu que, par cette opération, la femme engageait, non pas ses créances elles-mêmes, telles qu'elles

étaient avec leurs prérogatives, mais seulement ces prérogatives, qui se trouveraient ainsi, quand il en serait temps, détachées du corps dont elles faisaient partie et deviendraient la dépendance d'autres créances. Ainsi, cette expression, *subrogation*, qui, dans la spécialité de son acception, désigne la fiction légale en vertu de laquelle les attributs d'une créance éteinte lui survivent pour passer à une nouvelle créance qui lui est substituée, et la mention précise de l'hypothèque seule comme objet de la subrogation, sans aucun rappel du principal que cette hypothèque accompagne, favorisent singulièrement l'opinion sanctionnée déjà avant la loi de 1855 par la majorité des auteurs et la jurisprudence sur le caractère juridique de la subrogation, opinion qui aujourd'hui est presque unanimement admise.

10. Sans vouloir discuter ici cette grave question, nous faisons remarquer que la pratique a eu certainement dans le principe l'idée de laisser intacte la créance de la femme, et d'en détacher l'hypothèque au profit des tiers. La subrogation à l'hypothèque légale est sans doute une garantie, un moyen de crédit; elle donne au créancier, d'abord le droit d'invoquer à son profit l'hypothèque légale de la femme, de faire ainsi valoir sa créance, et le rang de l'hypothèque comme le pourrait la femme elle-même, par préférence aux autres créanciers du mari; de plus, la faculté d'échapper à la distribution au marc le franc entre les créanciers de la femme, d'après l'article 775 du Code de procédure, d'exercer l'hypothèque de la femme jusqu'à concurrence de sa créance, ou de prélever sur la collocation hypothécaire de la femme ce qui lui est dû par préférence aux autres créanciers de la subrogeante, qui se partagent le reste au marc le franc, d'après l'article 775.

11. Nous avons donné une idée suffisante de la subrogation, de ses caractères et de ses effets généraux pour faire facilement comprendre la différence essentielle qui existe entre la subrogation à l'hypothèque légale et la subrogation personnelle dont parlent les articles 1249 et suivants. Dans la subrogation personnelle

qui a lieu à la suite du paiement d'une créance fait par un tiers, la créance primitive se trouve éteinte et remplacée par une nouvelle créance à laquelle viennent se joindre les garanties accessoires de la première ; tandis que, dans la subrogation à l'hypothèque légale, on ne trouve qu'une cession faite par la femme à un tiers de sa garantie spéciale, sans qu'il y ait paiement d'une créance de la femme. Dans le premier cas, c'est une chose qui est substituée à une autre, en empruntant ses attributs ; dans le deuxième cas, c'est une personne qui est substituée à une autre pour l'exercice du droit.

12. La subrogation à l'hypothèque légale ne s'est pas introduite dans la pratique sans soulever une assez vive opposition, et elle a dû subir le baptême de la discussion. On s'est tout d'abord demandé si la subrogation, dans les termes où nous l'avons indiquée, était bien conforme à la loi ; on n'a pu mettre en avant, pour le contester, qu'une objection tirée des articles 2140 et suivants du Code civil, sur la défense faite à la femme de renoncer à son hypothèque au profit de son mari, sauf exception et avec des formes exceptionnelles. Mais cette objection est facilement tombée devant cette raison que ces articles ne prohibent que la renonciation faite en faveur du mari seul, sans parler aucunement de la renonciation faite au profit des tiers ; et la preuve en est que la femme, par la subrogation, conservera toujours son hypothèque légale, lors même que les subrogés auront été payés. Et alors, pour apprécier l'opération, on retombe forcément dans le droit commun ; la femme, avec l'autorisation de son mari, peut contracter de toute manière (217 C. c.) : s'obliger personnellement, aliéner, hypothéquer ses immeubles, céder son hypothèque légale à des tiers, ce qu'aucun texte de loi ne lui défend ; or tout ce qui n'est pas défendu est permis. Pour nous, la subrogation a le simple caractère d'une cession, et le droit qui en résulte est un droit purement mobilier. L'hypothèque, en effet, est tantôt un droit immobilier, tantôt un droit mobilier, suivant le point de vue sous lequel on l'envisage : l'hypothèque, considérée au point de vue passif,

quant à l'immeuble qu'elle frappe, est un droit immobilier, de sorte que, pour consentir une hypothèque, il faut avoir la capacité d'aliéner l'immeuble que l'on veut hypothéquer; tandis que l'hypothèque au point de vue actif, considérée comme accessoire de la créance, comme garantie aux mains du créancier, est un droit mobilier; de sorte que pour donner mainlevée de l'hypothèque, pour y renoncer, il suffit d'avoir la capacité d'aliéner la créance à laquelle l'hypothèque est attachée (1). On a dit que l'hypothèque n'était pas un bien, que par conséquent elle ne pouvait être ni mobilière ni immobilière, qu'elle était une simple qualité de la créance; mais il est évident que l'hypothèque est un droit, que tous les droits, sauf ceux d'une nature purement morale, rentrent nécessairement dans la classe des biens, et que la distinction des biens en meubles et immeubles est générale, embrasse même les droits, qui, selon leur objet, sont mobiliers ou immobiliers.

13. On ne pouvait attaquer en droit la subrogation à l'hypothèque légale, on essaya de démontrer qu'elle n'était pas juste, et qu'au lieu de rendre des services, elle entraînait au contraire des conséquences funestes. On soutint que la loi avait inutilement entouré de toutes garanties la situation pécuniaire de la femme, si celle-ci pouvait être si facilement dépouillée de ses sûretés les plus précieuses; il suffisait, en effet, d'un simple acte sous signature privée : la femme, privée de conseils, ignorant le plus souvent les conséquences de son engagement, ne perdant rien, en apparence, au contrat, était abandonnée à elle-même en présence de la volonté de son mari et des exigences des tiers qui traitaient avec lui. De plus, cette subrogation, imaginée surtout pour favoriser les opérations du mari et lui procurer du crédit, tournait au contraire contre lui, car elle prêtait trop à la fraude à l'égard des tiers, sans cesse exposés à de graves mécomptes. Ces reproches étaient mérités; la subrogation n'était soumise à aucune publicité, les époux promet-

_____

(1) MM. Delvincourt, t. III; Persil, Demante, t. I; Duranton, t. XIX; Troplong, Du Louage, n° 17; Valette, Mourlon. Contra : P. Pont, Zachariæ, Aubry et Rau.

taient le premier rang à tous ceux qui traitaient avec eux; aucun moyen de contrôler leur dire. Le jour de la collocation arrivé, les créanciers subrogés, forts de leurs titres, se présentaient avec la plus entière confiance dans leur droit de préférence, et ne voyaient pas sans une amère déception leur subrogation primée par d'autres subrogations antérieures.

14. Aussi, en 1841, on éprouva le besoin de réformer le système hypothécaire, et à propos de l'enquête ouverte à ce sujet, les cours et les facultés consultées furent toutes d'accord pour apporter des remèdes à cet état de choses; mais elles proposèrent des moyens différents; les unes demandaient que la loi indiquât les effets de la subrogation, déterminât et restreignît la portée de la convention; les autres voulaient exiger l'autorisation de la femme par la justice. Une opinion plus sage et plus conforme aux données de la pratique consistait à exiger : d'abord que la subrogation fût faite par acte authentique, la présence et les conseils du notaire devant protéger la femme contre les surprises; de plus, que la subrogation fût rendue publique par une inscription sur les registres hypothécaires, cette inscription devant fournir aux tiers tous les renseignements désirables pour les mettre à l'abri de la fraude. Cette opinion, admise par le projet de réforme de 1849, allait être consacrée par une loi, lorsque la brusque dissolution de l'Assemblée empêcha le législateur de terminer son œuvre. Le premier texte de la loi qui mentionne la subrogation à l'hypothèque légale est l'article 20 du décret du 28 février 1852, sur l'organisation du crédit foncier. Enfin fut votée la fameuse loi du 23 mars 1855, qui consacra dans son article 9 l'opinion que nous venons de rapporter, et soumit la subrogation aux conditions de forme et de publicité dont nous avons parlé : « Dans le cas où les femmes peuvent céder leur hypothèque légale, ou y renoncer, cette cession ou cette renonciation doit être faite par acte authentique; et les cessionnaires n'en seront saisis à l'égard des tiers que par l'inscription de cette hypothèque prise à leur profit, ou par la men-

tion de la subrogation en marge de l'inscription préexistante. Les dates des inscriptions ou mentions déterminent l'ordre dans lequel ceux qui ont obtenu des cessions ou renonciations, exercent les droits hypothécaires de la femme. »

15. C'était beaucoup, mais ce n'était pas assez ; ainsi la loi prescrivait l'acte authentique et l'inscription, mais ne s'occupait en aucune façon de déterminer la nature et les effets de la subrogation, questions sur lesquelles s'étaient élevées avant cette époque les plus grandes controverses, controverses qui subsistèrent et qui existent encore aujourd'hui. Et ce n'est pas un oubli de la part du législateur ; son attention a été attirée sur ces questions, mais il a poussé le scrupule au point de ne vouloir empiéter en quoi que ce soit sur le droit d'interprétation de la pratique ; et il a laissé passer, sans les relever, ces mots du rapporteur du projet de loi au Corps législatif : « Cette loi n'a pas pour but de modifier, en quoi que ce soit, la législation relative aux droits de la femme mariée, en matière de cession ou de renonciation à son hypothèque légale. » La loi a consacré cette idée en remplaçant dans le texte définitif ces expressions : « les femmes ne peuvent céder leur hypothèque légale... que, » par ces mots : « dans le cas où les femmes peuvent céder leur hypothèque légale. » Cette réserve, de la part du législateur, fut un tort ; son devoir était, tout en conservant la liberté des conventions, qu'il faut tenir au-dessus de tout, de développer par quelques explications ce principe de la subrogation à l'hypothèque légale, si clair en apparence, au fond si obscur ; de fixer par des règles certaines la nature, le caractère, les effets de cette convention ; de circonscrire le domaine de l'interprétation, et de mettre fin, autant que possible, à toutes les incertitudes de la pratique, à toutes ces divergences d'opinions qui se sont disputé l'honneur de jeter un peu de lumière sur cette question si délicate, et qui n'ont peut-être réussi qu'à l'obscurcir davantage.

16. Après ces quelques notions générales sur l'hypothèque légale et ce rapide exposé historique de la subrogation, nous

abordons le cœur du sujet, et nous rentrons dans la théorie de la subrogation. Nous diviserons ainsi cette étude :

CHAPITRE PREMIER.

De la subrogation à l'hypothèque légale.

————

§ 1. — NATURE DE LA SUBROGATION.

17. Qu'est-ce que la subrogation ? La réponse à cette question a soulevé bien des difficultés et engendré bien des discussions. Pour faciliter l'intelligence des explications qui vont suivre, prenons comme exemple un cas de subrogation ordinaire : un homme marié veut emprunter de l'argent, il a des immeubles d'une certaine valeur, qui ne sont grevés d'aucune hypothèque inscrite antérieurement à celle qu'il offre à ses futurs créanciers ; mais ces immeubles sont soumis légalement et secrètement à la garantie de droits hypothécaires dont on ne connaît pas le montant, parce qu'on ignore encore l'étendue des reprises futures de la femme ; on ne sait même pas s'il y en aura. Il est donc dès à présent impossible aux tiers d'estimer, même approximativement, jusqu'à quelle somme monteront les créances de la femme, qui, de toute façon, primeront les créances hypothécaires inscrites depuis le jour fixé par l'article 2135. Quel moyen emploiera le mari pour donner une entière sûreté à ses créanciers? Il fera intervenir sa femme au contrat, et celle-ci, avec le consentement de son mari, cédera aux créanciers son hypothèque légale, les subrogera à son hypothèque jusqu'à concurrence de la somme prêtée. L'hypothèque légale de la femme faisait obstacle, elle y renonce, elle la donne, tout obstacle disparaît désormais ; les créanciers sont mis au lieu et place de la femme, ils ont sur les immeubles du mari, jusqu'à concurrence du montant de leurs créances, tous les droits que la femme avait elle-même ; non-seulement elle ne pourra plus leur opposer son droit de préférence,

mais au contraire ce seront eux qui pourront le lui opposer. Ces données étant admises, nous en revenons à notre question : Qu'est-ce que la subrogation ?

18. Les avis sur la question sont fort divergents, et les définitions imaginées par les auteurs, assez nombreuses : c'est, dit M. Bertauld, en même temps un transport et un nantissement, mais plutôt un transport qu'un nantissement ; c'est, disent MM. Aubry et Rau, Mourlon, Benech, une sorte de cautionnement réel ou de nantissement *sui generis* ; c'est, dit M. Pont, une délégation éventuelle des droits de la femme. Chacune de ces explications semble, au premier abord, différer profondément des autres, et contenir isolément la solution du problème. Mais en les considérant de plus près, on s'aperçoit que les différences sont relativement assez peu sérieuses, et qu'elles contiennent toutes, il est vrai, un bon fond de vérité. Peuvent-elles ne pas avoir une grande valeur, si elles émanent de nos maîtres les plus éminents ? Cependant, elles ont toutes pour nous un tort commun, un tort grave, ce qui fait qu'elles ne peuvent être entièrement vraies : elles sont trop exclusives, elles ne touchent qu'un côté de la chose, en essayant de ramener la subrogation, convention nouvelle, à une autre opération juridique déjà connue, à laquelle elles veulent l'assimiler. Chacune d'elles a tenté de s'affermir par la réfutation des systèmes opposés ; toutes les réfutations ont quelque chose de bon, comme les systèmes eux-mêmes, mais ni les uns ni les autres ne sont complets.

19. Ainsi, M. Bertauld dit : « La subrogation à l'hypothèque légale de la femme est l'abandon éventuel de sa propre créance, c'est surtout une cession-transport, accompagnée accessoirement d'un gage ; un acte qui participe à la fois du transport et du nantissement, mais dans lequel le caractère du transport prédomine (1). » Nous lui répondrons avec M. Pont : La subrogation ne peut pas contenir une cession-transport dans le sens juridique du mot ; la cession, dans le langage du droit, s'entend de la

_____
(1) Bertauld, *Subrogation*, p. 10.

transmission et plus particulièrement de la vente des choses incorporelles; sauf quelques règles spéciales posées dans les articles 1689 à 1695 du Code civil, la vente appliquée aux créances est soumise aux principes généraux qui régissent la vente des choses corporelles; ainsi on ne peut pas dire d'un acte qu'il constitue une cession de créance, s'il ne contient pas de prix, et si, sauf l'accomplissement des formalités prescrites par l'article 1690 du Code civil, il ne transmet pas du cédant au cessionnaire la créance qui fait l'objet de la convention. Or, dans l'acte par lequel la femme abandonne ses droits hypothécaires aux créanciers de son mari, il n'y a pas de prix, selon l'article 1591 du Code civil; d'un autre côté, le cessionnaire ne devient pas du tout propriétaire par l'effet de la convention, car c'est la femme qui, quant à présent, reste propriétaire, qui demeure saisie, tellement que si le créancier vient à être désintéressé par le mari, la femme est dégagée et conserve sa créance hypothécaire, sans qu'il soit besoin qu'un nouvel acte lui en rende la propriété. Il n'y a donc pas eu vente; et il n'y a pas eu davantage donation : la femme veut rendre à son mari le crédit qu'elle lui enlève par son hypothèque, elle n'a jamais eu l'intention de se dépouiller gratuitement dans l'intérêt des tiers. MM. Aubry et Rau réfutent également cette donnée, qui tend à attacher à la subrogation une efficacité indépendante du sort de la créance du subrogeant, et conduit à exiger l'accomplissement des formalités de l'article 1690 : « Tout transport, disent-ils, exige comme condition essentielle l'existence d'un prix; et il n'entre pas dans l'intention des contractants de déplacer, même d'une manière simplement éventuelle, la propriété de la créance ou de l'hypothèque du subrogeant (1). » La théorie que nous combattons, séduisante au premier abord, et conforme aux mots *cession* et *transport* employés par la pratique, va donc au-delà de la volonté des parties. Du reste, quelle nécessité y aurait-il eu de créer cette expression nouvelle de *subrogation*, si la convention dont

(1) Aubry et Rau, § 288, n° 11.

s'agit avait eu le même caractère juridique que la cession de créances déterminée par les articles 1689 et suivants? M. Bertauld a cependant pensé qu'il n'y avait là qu'une cession; et pour être logique avec son faux point de départ, il a été obligé d'en suivre les conséquences jusqu'au bout, et de reconnaître, contrairement à toutes les données de la pratique et à la loi de 1855, que la subrogation ne pouvait être valable sans l'acceptation de la cession par le débiteur cédé, ou la notification à lui faite de la cession. Pour affirmer son système, il a mieux aimé tout dénaturer, tout contredire.

20. Ainsi, d'après MM. Aubry et Rau, la subrogation ne constitue qu'une sorte de cautionnement réel ou de nantissement *sui generis*, qui autorise le subrogé à exercer dans la mesure de sa propre créance les droits hypothécaires que la subrogeante pourrait elle-même faire valoir (1); mais ils reconnaissent la gravité de l'objection que l'on peut faire à leur système : la cession d'hypothèque considérée comme nantissement, ne serait efficace qu'à la condition de l'accomplissement des formalités prescrites pour le nantissement des créances; malgré cela, ils persistent dans leur opinion, mais sans trop s'engager : c'est une sorte de cautionnement ou de nantissement, leur opinion n'est pas très-nettement formulée. M. Mourlon se prononce à peu près dans le même sens : c'est un contrat de gage, dispensé, quant à sa perfection au regard des tiers, des formalités et conditions prescrites par les articles 2074 et 2076 du Code civil, c'est-à-dire de la remise des titres relatifs aux droits engagés aux mains du gagiste ou d'un tiers; et de la signification du gage au débiteur, ou de l'acceptation authentique du gage par ce même débiteur (2), il fallait évidemment le reconnaître pour se conformer à la pratique, à la jurisprudence, à la loi. Il reconnaît également qu'un gage ne peut être établi que sur des droits déjà nés et individualisés; mais il pense cependant que la femme, par une faveur spéciale, doit pouvoir engager les créances qu'elle a

(1) Aubry et Rau, § 288, texte et note 11.
(2) Mourlon, Transcr., II, nos 876 et suiv.

6

ou qu'elle aura contre son mari ; enfin que les articles 2078 et 2081 ne sont pas applicables à ce contrat : beaucoup d'affirmations, peu de raisons. Il est certain que si l'on retranche du contrat de gage les dispositions des articles 2074, 2076, 2078 et 2081 du Code civil, on aura un contrat de gage tout à fait *sui generis*, et tellement exceptionnel, qu'il est permis de se demander ce qui pourra bien lui rester de sa primitive nature quand on l'aura dépouillé des principaux éléments essentiels à son existence ; on aura bien quelque chose, mais on n'aura pas sans doute un contrat de gage, ni rien qui y ressemble. MM. Aubry et Rau, expliquant leur idée, ajoutent : « La subrogation n'est, en réalité, d'après l'intention des parties, qu'une convention de garantie : le cédant entend donner, et le cessionnaire recevoir une sûreté spéciale. » Tel est certainement notre avis ; il est vrai que la subrogation à l'hypothèque est une garantie offerte par la femme au créancier de son mari ; mais quelle est la nature de cette garantie ? Est-ce pour cela nécessairement un gage, ou une sorte de gage ou de cautionnement ? Ces auteurs sont aussi d'avis que la subrogation doit être dispensée des conditions et formalités auxquelles est soumis le contrat de gage ; alors il ne reste plus qu'un contrat spécial qui n'a de commun avec le gage ordinaire que le but dans lequel il est fait, le but d'offrir des garanties à un tiers ; mais bien d'autres contrats ont le même but, comme le cautionnement, la convention d'hypothèque, et ne sont jamais confondus avec le contrat de gage. Dès lors, pourquoi tenter encore de ramener notre convention à un autre contrat qui ne peut avoir avec elle que de légers points de ressemblance.

21. M. Gauthier (1) assigne un caractère beaucoup plus restreint à la subrogation, qui, selon lui, ne constitue, de la part de la subrogeante, qu'une renonciation à son droit d'hypothèque en faveur du subrogé. Dans ce système, le subrogé ne pourrait jamais exercer les droits hypothécaires de la subrogeante que

---

(1) Gauthier, *Des Subrog.*, n° 577.

relativement aux immeubles sur lesquels il aurait lui-même hypothèque.

22. Enfin M. Pont (1) a découvert dans la subrogation une délégation éventuelle des droits hypothécaires de la femme au profit du subrogé, résultant de la promesse par laquelle elle s'oblige conditionnellement, en ce sens qu'elle s'engage à payer, ou au moins à abandonner, à titre de paiement, les droits qu'elle peut avoir contre son mari, pour que le créancier auquel elle fait l'abandon exerce ses droits à sa place, si à l'échéance le mari ne paie pas lui-même la dette qu'il a souscrite à ce créancier. C'est, dit-il, une sorte de novation conditionnelle : la femme, en s'obligeant, n'éteint pas la dette de son mari, elle y ajoute sa propre dette, et les deux subsistent jusqu'à l'événement qui effacera ou maintiendra rétroactivement l'obligation de la femme. Tout cela est peut-être très-bien imaginé; mais ce n'est pas dans cette explication que nous trouverons la vérité cherchée : elle est d'abord assez confuse; de plus, elle est fausse en ce qu'il n'y a pas le moins du monde novation, ni simple ni conditionnelle; enfin elle n'est pas conforme aux données de la pratique, qui ne suppose jamais, dans le cas de subrogation à l'hypothèque légale, que la femme s'engage personnellement envers le créancier de son mari. Cette théorie n'est donc admissible à aucun point de vue; elle serait bonne tout au plus, encore en laissant de côté l'expression de *novation* pour ne prendre que celle de *délégation*, dans le cas où la femme, s'obligeant personnellement avec son mari, entend faire acquitter sa dette par son mari qu'elle délègue à son créancier.

23. Pour nous, il nous semble qu'on a beaucoup regardé autour de la subrogation, pour trouver quelque chose qui lui ressemblât, et qu'on n'a pas assez considéré la convention elle-même. On ne peut pas définir tous les contrats les uns par les autres; on ne dit pas de la vente : c'est une sorte d'échange qui...., on dit : la vente est une convention par laquelle l'un s'oblige à livrer

(1) P. Pont, *Priv. et Hyp.*, I, n° 472.

une chose, l'autre à la payer ; on ne dit pas du gage : c'est une sorte de garantie qui...., on dit : le gage est un contrat par lequel un débiteur remet une chose mobilière à son créancier, pour sûreté de la dette. Pourquoi dire alors : la subrogation est une sorte de transport, une sorte de nantissement, une sorte de novation ? La subrogation est une convention qui, comme toutes les autres, mérite les honneurs d'une définition à elle propre.

24. Si nous voulons découvrir le véritable caractère de la subrogation, reportons-nous à son origine, suivons-la dans ses développements, examinons ses principales applications ; c'est la pratique qui l'a créée et qui lui a donné une nature spéciale. Les praticiens avaient à leur disposition tous les contrats organisés par le Code, ils ont eu besoin d'un contrat spécial, qui pouvait tenir de près ou de loin à quelques-uns de ceux qui existaient déjà, mais qui devait être nécessairement marqué d'une empreinte nouvelle et d'un caractère original. En effet, ont-ils dit, ce n'est ni une cession, partant elle échappe aux formalités et conditions prescrites par l'article 1690, pour la garantie des tiers ; ni un nantissement, conséquemment les conditions et formalités prescrites par les articles 2074 et 2075, dans le même but, lui sont également étrangères ; ni le pacto connu sous le nom de *restriction de l'hypothèque légale ;* dès lors, point n'est besoin pour le constituer valablement, des conditions et formalités prescrites pour la protection de la femme, par les articles 2144 et 2145. Il n'y faut voir qu'une affectation spéciale, affranchie à ce titre de toute entrave, et par suite de toutes formalités.

25. Ainsi, d'un côté, la loi donne à la femme la protection la plus étendue pour ses sûretés et garanties ; d'un autre côté, la pratique affranchit la femme de toutes formalités pour renoncer à ses garanties. Telle est notre opinion : la subrogation à l'hypothèque légale peut ressembler au gage, au cautionnement, à la cession de créance, à la délégation, mais elle n'est en réalité aucun de ces contrats ; c'est une convention à part, qui a pour but de prémunir les tiers contre les effets cachés de l'hypothèque

légale, en permettant à la femme de céder son hypothèque légale, et au créancier cessionnaire d'invoquer cette hypothèque dans la mesure de sa propre créance, au lieu et place de la femme.

26. Nous pouvons maintenant distinguer, dans tous les cas où la femme peut céder son hypothèque légale ou y renoncer, la cession ou renonciation consentie par la femme, de la restriction d'hypothèque prévue et réglée par les articles 2144 et 2145 du Code civil. Au moyen de la restriction, le mari obtient l'affranchissement d'une partie de ses biens, tous soumis au principe de l'hypothèque légale, et fait restreindre cette hypothèque aux immeubles suffisants pour la conservation entière des droits de la femme. La loi veut alors protéger la femme contre sa propre faiblesse, et craignant les effets de l'influence maritale, elle ne croit pas pouvoir se contenter du consentement de la femme; elle exige en outre l'avis de ses quatre plus proches parents et l'homologation de la justice; ces formalités ne sont pas requises pour la validité des cessions et renonciations dont nous parlons ici, quoi qu'en aient dit quelques arrêts qui, entrant dans des distinctions subtiles, et paraissant se déterminer par des appréciations de faits difficilement appréciables, ne déclarent la subrogation dispensée des formalités dont il s'agit, qu'autant que la femme est obligée ou au moins qu'elle est intéressée à l'acquittement de l'obligation garantie par la subrogation. Il faut dire au contraire, et d'une manière absolue, qu'il n'y a nullement à considérer l'intérêt que peut avoir la femme au paiement des anciens subrogés; dès qu'elle cède son hypothèque à un tiers, soit qu'elle s'oblige elle-même, soit que son mari s'oblige seul, les articles 2144 et 2145 du Code civil ne sont plus à considérer; car ils sont écrits en vertu d'une autre hypothèse, qui est la réduction d'hypothèque consentie pendant le mariage, au profit du mari seul; il suffit dans celle-ci, qu'il s'agisse de contrats sincères, que la femme consente et qu'elle soit assistée de son mari ou dûment autorisée (217 C. c.). « Quand on se pénètre, dit M. Bertauld, de la pensée qui a dicté les articles 2144 et 2145, on reconnaît qu'ils ne s'occupent que des restrictions

de l'hypothèque dans lesquelles le mari et la femme sont seuls en présence ; qu'en un mot, il ne régissent qu'un contrat entre époux et sont étrangers aux contrats dans lesquels les époux, figurant conjointement, et comme ne faisant qu'une seule partie, prennent un engagement envers une autre partie. » La femme peut, en effet, s'obliger sur tous ses biens, les aliéner avec la simple autorisation maritale, fût-ce dans l'intérêt de son mari et pour lui procurer de l'argent. Pourquoi ne pourrait-elle pas aussi, avec la même autorisation, aliéner ses droits hypothécaires, les céder à des tiers ou renoncer à les invoquer à leur préjudice ? Toutefois, il faut que la femme consente en connaissance de cause, et en vue d'une affaire spéciale et déterminée. Toute subrogation que le mari aurait consentie au nom de sa femme, en vertu d'une procuration générale, manquerait du caractère de spécialité exigé pour sa validité. La question ne fait plus doute aujourd'hui.

§ 2. — DIFFÉRENTES FORMES DE LA SUBROGATION.

27. Après avoir ainsi déterminé le caractère de la subrogation à l'hypothèque légale, nous devons justifier notre définition, et démontrer que la femme peut céder, soit sa créance elle-même, soit son hypothèque détachée de sa créance. La jurisprudence est fixée à cet égard, mais quelques auteurs ont encore essayé de combattre son système et de démontrer l'illégalité de certaines conventions qu'elle a reconnues parfaitement valables. La convention par laquelle la femme abandonne ses sûretés hypothécaires, en tout ou en partie, au profit de ses créanciers ou de ceux de son mari, affecte, dans la pratique, les formes diverses que nous allons passer en revue.

28. La femme peut :

1° Céder sa créance elle-même contre son mari;

2° Céder son hypothèque légale seulement;

3° Céder son droit d'antériorité;

4° Renoncer à son hypothèque légale.

1° Cession des droits, actions, créances et reprises de la femme.

20. Les contrats de subrogation à l'hypothèque légale renferment généralement une très-jolie variété d'expressions qui peuvent avoir un but, mais qui n'ont certainement pas pour résultat de jeter beaucoup de lumière sur l'intention des parties contractantes et d'éclairer les personnes qui cherchent à y déchiffrer les effets qu'elles ont eus en vue; s'il est dit que la femme cède à titre onéreux ou à titre gratuit, les droits, actions, créances, reprises, etc., qu'elle a ou pourra avoir contre son mari, cela signifie tout simplement que le cessionnaire pourra faire valoir contre le mari la créance de la femme, si elle en a. Il est évident, ainsi que nous l'avons vu, que la femme autorisée de son mari peut transférer à un tiers la créance qu'elle a contre son mari, comme elle peut transférer la créance qu'elle a contre un tiers.—Elle peut aussi, conformément à l'article 1250 : 1° subroger en son lieu et place les tiers qui, de leur propre argent, paient entre ses mains et en l'acquit de son mari, les sommes dont il est son débiteur. Dans ce cas, le subrogé acquiert non-seulement les accessoires et prérogatives de la créance qui a été l'objet du paiement, mais la créance elle-même munie de tous ses accessoires, telle en un mot que l'avait la subrogeante. La femme peut aussi céder à titre de garantie, soit à quelqu'un des créanciers hypothécaires ou chirographaires de son mari, soit à l'un de ses propres créanciers, soit au créancier d'un tiers (2077); sa créance dotale, ou telle créance déterminée, ou les créances, droits et reprises qu'elle a ou pourra avoir contre son mari.

30. Dans l'hypothèse prévue d'une cession, par la femme, à titre de garantie, de ses reprises et droits matrimoniaux au profit d'un créancier de son mari, l'hypothèque, simple accessoire, se trouve comprise dans la cession de la créance à laquelle elle continue de rester attachée. On a essayé de soutenir, depuis la loi du 23 mars 1855, que la loi sur la transcription interdisait à la

femme de céder sa créance avec son hypothèque, sous le prétexte que l'article 9 de cette loi, ayant passé sous silence la cession des reprises matrimoniales, fort connue des membres de la commission, et n'ayant parlé que de l'hypothèque légale, il y aurait là la condamnation implicite de cette cession (1). M. Pont a triomphé facilement de l'argument et réduit à néant cette doctrine exagérée : « La loi parle de la cession de l'hypothèque légale ou de la renonciation à cette hypothèque, parce qu'elle envisage l'effet de la convention, qui est, non pas l'extinction de l'hypothèque, mais le passage de cette sûreté des mains de la femme aux mains du créancier subrogé ; elle n'a pas eu d'autre chose en vue et surtout elle n'a pas songé à proscrire tel ou tel des modes suivant lesquels la convention s'était produite jusqu'à elle (2). » En ceci, comme en tout ce qui touche les droits de la femme, les rédacteurs de la loi ont voulu s'abstenir de toute innovation, et ils l'ont déclaré de la manière la plus expresse. Or, la femme majeure a certainement le droit, dans tous les cas où le régime matrimonial qu'elle a adopté n'y fait pas obstacle, de céder ses créances ou les reprises et droits matrimoniaux qu'elle a contre son mari. Si elle use de ce droit, l'hypothèque n'est pas éteinte, car l'obligation principale subsiste, seulement elle a changé de main, et si l'hypothèque n'est pas éteinte, elle est nécessairement avec cette obligation principale qu'elle garantit. Il n'est donc pas douteux que la femme puisse, d'après le droit commun, aliéner ses créances hypothécaires.

2° Cession de l'hypothèque légale.

31. Nous avons admis jusqu'à ce moment que la femme, dans le contrat connu sous le nom de *subrogation à l'hypothèque légale*, pouvait céder cette hypothèque isolée de sa créance ; et dans la définition que nous en avons donnée, nous avons dit que la véritable subrogation était précisément la cession de l'hypo-

(1) M. Grosse, *Explic. de la loi de 1855*, n° 274.
(2) P. Pont, *Priv. et Hyp.*, I, n° 457.

thèque : nous avons montré que cette opinion était conforme aux habitudes de la pratique et à ses besoins. Il nous reste maintenant à justifier cette affirmation, à démontrer la possibilité et la légalité de cette opération. Lorsque le mari veut faire un emprunt et que le créancier exige une garantie certaine de remboursement, ce qui lui fait obstacle, ce ne sont pas les créances de la femme, c'est seulement son hypothèque ; si la femme, en présence de ce créancier, déclare lui céder sa garantie, elle a évidemment l'intention de laisser agir ce créancier jusqu'à concurrence de sa créance, comme si son hypothèque y était rattachée. Il résulte de là que le cessionnaire peut réclamer son paiement dès que l'hypothèque de la femme peut être utilement exercée sur les immeubles du mari. Mais ce droit d'invoquer l'hypothèque légale peut-il être d'une utilité quelconque au subrogé, s'il n'a pas en même temps le droit d'invoquer à son profit les créances de la femme ? Ou bien peut-on, prenant à la lettre les expressions de *cession d'hypothèque légale*, dire que le droit d'invoquer cette hypothèque lui suffit pour qu'il puisse obtenir à son profit exclusif, dans un ordre ouvert sur le prix des biens du mari, une collocation hypothécaire jusqu'à concurrence de sa créance ?

32. Entre la femme et le subrogé, pas de difficulté : la femme cédant son hypothèque légale jusqu'à concurrence de la créance du subrogé, entend évidemment lui céder, dans cette mesure, la collocation hypothécaire à laquelle elle pourrait avoir droit. Mais la question a une importance marquée au point de vue des rapports qui peuvent exister entre le subrogé et les autres créanciers ou ayants cause à titre particulier de la subrogeante. Ainsi, un mari n'a qu'un immeuble d'une valeur de 100,000 fr. ; la femme a cédé son hypothèque à Primus, créancier hypothécaire ou chirographaire de son mari pour une somme égale de 100,000 fr. ; un ordre s'ouvre sur le prix de l'immeuble, la femme a des reprises pour une somme de 100,000 fr. S'il n'y avait pas eu cession de l'hypothèque légale, le prix de l'immeuble serait distribué entre les créanciers de la femme, et Primus ne pourrait participer à la distribution que s'il était créan-

cier personnel de la femme. Mais, par la cession de l'hypothèque, Primus prend la place de la subrogeante, car cette hypothèque a été, en vertu de la subrogation, rattachée à la créance dont il poursuit le remboursement. On a contesté la possibilité de l'effet que nous venons d'indiquer, et on a dit que pour prétendre un droit exclusif sur la collocation hypothécaire, il fallait avoir un droit exclusif, non-seulement sur l'hypothèque, mais encore sur la créance ; ainsi, dit-on, Primus, pour obtenir les 100,000 fr. dont s'agit, devrait pouvoir se dire cessionnaire des droits et reprises de la femme et avoir rempli les formalités nécessaires pour en être saisi à l'encontre des créanciers de la cédante (1690 C. c.).

33. Nous sommes obligé, pour combattre cette théorie et affirmer au point de vue légal celle de la pratique et de la jurisprudence, de remonter à la naissance même de la subrogation, d'étudier les conditions de sa validité avant et depuis la loi du 23 mars 1855.

34. La véritable question est de savoir si, pour être placé dans une collocation hypothécaire au rang que l'hypothèque de la femme lui attribue, il suffit d'être cessionnaire de l'hypothèque seule, ou s'il est nécessaire de pouvoir se dire cessionnaire de la créance hypothécaire ; en un mot, peut-on céder l'hypothèque indépendamment de la créance? Sans vouloir reproduire ici toutes les discussions interminables que cette question a soulevées, nous essaierons d'exposer brièvement les arguments que chaque parti invoque pour le soutien de son opinion et d'établir nettement la théorie qui a nos préférences.

35. Deux opinions parfaitement contraires se trouvent en présence. La première soutient qu'il est impossible de céder l'hypothèque qui garantit une créance sans céder en même temps la créance garantie. « L'hypothèque, dit M. Bertauld, est une qualité qui ne peut pas, sans s'évanouir, être séparée de la créance qui en est le sujet; elle est liée à la destinée du droit dont elle est la garantie ; elle en subit toutes les vicissitudes, participe à toutes ses conditions; elle est entachée de tous ses vices et de

toutes ses infirmités, s'il en a, et si elle peut périr sans lui, elle ne peut vivre qu'avec lui (1). » — « La relation qui unit les priviléges et les hypothèques aux créances pour sûreté desquelles ils sont établis, disent MM. Aubry et Rau, est tellement intime, qu'il est juridiquement impossible de les en détacher pour les adjoindre à une autre créance, ou, en d'autres termes, d'en faire l'objet d'une véritable cession séparée et indépendante de la transmission de ces créances mêmes (2). »

36. La deuxième opinion soutient, au contraire, que l'hypothèque peut être cédée indépendamment de la créance qu'elle garantit. Nous avons vu comment la subrogation s'était introduite dans la pratique, qui l'avait dispensée de toutes conditions et formalités; nous avons montré la relation qui s'est établie nécessairement entre cette convention et les besoins auxquels elle répondait; la nature de ce contrat à l'origine et sa consécration tardive par la loi. En droit, M. Valette a répondu aux attaques dont elle fut l'objet : « Nous pensons qu'aucune loi ne prohibant la cession d'un droit d'hypothèque, ce droit, qui en somme est purement pécuniaire, ne peut être mis hors du commerce, mais qu'il est négociable et transmissible; suivant nous, il y a lieu d'appliquer ici l'adage : qui peut le plus, peut le moins; nul n'a intérêt ni qualité pour se plaindre de ce que la cession ne comprend qu'un accessoire, un émolument de la créance, au lieu d'embrasser la créance tout entière (3). » Nous ne croyons pas qu'on ait opposé à ces paroles quelque chose de bien sérieux et de bien concluant; nous ne citerons que pour mémoire les quelques observations exposées par M. Mourlon dans son *Traité des subrogations personnelles*, en faisant seulement remarquer que cet auteur s'est rallié depuis en grande partie à notre opinion, quoiqu'il semble encore, dans son *Traité de la transcription*, ne pas savoir au juste quel parti prendre. On ne peut pas dire, d'après lui, que la cession principale de l'hypothèque est licite, par cela

(1) Bertauld, *Subrog.*, p. 39.
(2) Aubry et Rau, § 288, texte et note 2.
(3) Valette, *Priv. et Hyp.*, p. 209.

seul que la loi ne le défend pas; car, en ne la tolérant que dans certains cas déterminés, la loi la prohibe en général. Cet argument *a contrario* est-il bien vrai et bien concluant? On l'a dit souvent : il ne faut pas abuser de l'argument *a contrario*, qui engendre de bien singulières erreurs. Puis, il est certain que l'attention du législateur du Code ne s'est pas portée sur la cession de l'hypothèque légale qu'il n'a pas connue; et peut-on raisonnablement conclure de ce que, dans certains cas, le législateur a pris soin de réglementer la cession d'hypothèque, que dans tous les cas où il ne s'en est pas occupé d'une manière spéciale il ait voulu en prohiber l'usage? Non certainement, c'est aller trop loin; lorsqu'on se trouve en face d'une convention que la loi n'a pas prévue, il faut, pour savoir si elle est valable, rechercher en quoi elle est conforme ou contraire aux principes de notre droit, à la loi en général, à l'ordre public; mais il ne faut pas, tranchant la question d'un mot, affirmer que tout ce que la loi n'a pas réglementé doit être pour cela rejeté. Aucune loi ne prohibe la cession d'un droit d'hypothèque; ce droit, purement pécuniaire, ne peut être mis hors du commerce.

37. Dans le sens de cette deuxième opinion, nous citerons l'argument tiré de l'article 1278, qui, supposant une novation par changement de dette, admet parfaitement que l'hypothèque peut être détachée de l'ancienne créance pour être rattachée à la nouvelle, si les parties y consentent. Les priviléges et hypothèques d'une créance éteinte par novation passeront à la créance qui lui est substituée, si le créancier les a expressément réservés ; évidemment l'hypothèque, droit éminemment accessoire, ne peut subsister seule sans une créance sur laquelle elle s'appuie. Mais il importe bien peu qu'elle se rattache à une créance plutôt qu'à telle autre, cela n'altère en rien sa nature; pourvu qu'elle trouve un soutien, c'est-à-dire une créance quelconque, elle conserve son existence. On peut en dire autant des articles 1250 et 1251, dans le cas de paiement avec subrogation : les accessoires de la créance payée sont tellement séparables de cette créance, qu'ils survivent à son extinction par suite du paiement qu'en a fait le subrogé

pour se rattacher à la créance en recours de ce dernier contre le débiteur. Dans ces deux cas, la loi admet assez formellement, ce nous semble, que l'hypothèque, simple accessoire, peut avoir une vie tout à fait indépendante d'une première, d'une deuxième créance déterminées, pourvu qu'elle ne reste jamais pour ainsi dire en suspens et qu'elle puisse, immédiatement après avoir dépouillé une créance, en revêtir une autre. Tel est l'effet que nous revendiquons pour la subrogation à l'hypothèque légale, en observant cependant qu'au moment de la convention, la cession de l'hypothèque n'est que conditionnelle et ne produira d'effet définitif que le jour où l'existence de l'hypothèque sera certaine, quand il sera démontré que la femme est créancière de son mari.

38. On répond, sur l'article 1278, que cet article renferme une disposition exceptionnelle, et on en donne pour preuves : que l'article 1281 défend, dans le cas de novation, de rattacher le cautionnement à la créance nouvelle sans le consentement exprès de la caution ; que l'article 1280, dans le cas de novation opérée entre le créancier et un tiers qui s'oblige aux lieu et place du débiteur primitif, défend de réserver les priviléges et hypothèques de la créance novée sur les biens du débiteur originaire sans son consentement formel ; sur l'article 1250, on ne répond rien du tout. On a raison de dire que l'article 1278 contient une disposition exceptionnelle ; mais il faudrait ajouter en même temps que les articles 1250, 1280, 1281, contiennent également des dispositions exceptionnelles. Quel est l'effet du paiement ? D'éteindre la dette, avec tous ses accessoires ; mais la loi, par une faveur toute spéciale, permet, au moment où la créance s'éteint, de lui enlever ses priviléges, hypothèques, cautions, et de les reporter sur la créance de celui qui a payé pour le débiteur primitif. Quel est l'effet de la novation ? d'éteindre la dette, avec tous ses accessoires, sans nul doute encore, mais la loi permet de rattacher à la nouvelle créance le cautionnement, avec le consentement de la caution ; les priviléges et hypothèques, avec le consentement du débiteur ; pourquoi cela ? par respect pour la règle qui est la base de notre droit français : on ne saurait obli-

ger personne sans son consentement. Or, la première dette est
éteinte, les cautions, le débiteur primitif ont reçu leur libération,
ce sont des personnes qui ont une volonté dont il faut tenir
compte, on ne peut les engager malgré eux. Quel est au contraire
l'effet de la subrogation? Est-ce d'éteindre une dette? Jamais on
ne l'a soutenu, la créance de la femme reste entière entre ses
mains ; dans notre opinion, c'est uniquement de garantir la
créance du subrogé; par conséquent, il n'y a pas d'extinction de
l'hypothèque ; la loi n'avait donc pas besoin de venir nous dire,
comme on soutient qu'elle devait le faire : dans la subrogation à
l'hypothèque légale, ainsi que dans le paiement avec subrogation,
ainsi que dans la novation, je permets de faire survivre l'hypothèque à la créance, de les isoler l'une de l'autre, et de rattacher
cette hypothèque à une nouvelle créance. Elle n'avait pas besoin
de le dire, car cela résulte de la liberté des conventions manifestée par la volonté des parties, qui disposent à leur gré de
l'hypothèque comme de tout autre droit purement pécuniaire.

39. Cette opinion, appuyée sur d'aussi solides arguments,
avait su rallier quelques jurisconsultes avant la loi de 1855,
mais beaucoup d'auteurs s'étaient formellement pronon-
cés contre elle, et quelques-uns hésitaient encore. Aussi,
lorsqu'en 1849, la question fut soumise à l'Assemblée législative,
ce fut l'opinion contraire qui prévalut. On fit entrevoir qu'une
pareille faculté laissée aux parties offrirait de nombreux inconvénients dans la pratique, et notamment un danger sérieux pour
les détenteurs des immeubles hypothéqués. MM. de Vatimesnil et
Bethmont, rapporteurs de la loi devant l'Assemblée, ont exposé
ces périls imminents en disant que si on admettait que l'hypothèque légale pût être cédée principalement, il arriverait qu'un
créancier, ayant hypothèque générale, céderait successivement
son hypothèque à plusieurs créanciers en leur assignant à chacun
un immeuble particulier, parmi ceux que grève son hypothèque
générale, et cette cession aurait pour effet de leur donner, sur
chacun des immeubles qui leur serait assigné, un droit indivi-
duel égal à celui que le créancier à hypothèque générale avait

sur l'ensemble de tous les immeubles. M. Bertauld a été séduit par ce raisonnement, et a essayé de le consolider par l'exemple suivant : (1) « Comment admettre qu'une femme qui a une hypothèque pour une reprise de 20,000 fr. sur dix immeubles valant chacun 20,000 fr. pourra, en gardant son droit de préférence pour somme égale de 20,000 fr. sur un des immeubles, créer neuf autres droits similaires de préférence pour 20,000 fr. ? » Cet exemple, à première vue, semble embarrassant, mais on sent en même temps qu'ils contient quelque chose de faux, de contraire à la raison, dont la mise en lumière fera tomber le système tout entier. Une hypothèque générale, quel que soit le nombre des immeubles sur lesquels elle porte, ne garantit jamais, évidemment, que la somme pour laquelle elle a été donnée. Ce n'est pas parce qu'il plaît à la femme d'assigner un immeuble particulier à chacun de ses créanciers, au lieu de laisser porter sa propre créance sur l'ensemble des immeubles que la force de son hypothèque peut se trouver accrue ; dès que l'un quelconque des dix immeubles aura servi à rembourser à la femme ou à un créancier subrogé les 20,000 fr. qui lui sont dus, l'hypothèque qui ne couvre que ces 20,000 fr. aura donné tout ce qu'on avait le droit d'attendre d'elle et disparaîtra. Tous les immeubles seront libérés.

40. L'article 2127 du projet de réforme hypothécaire de 1849 portait : « Les femmes ne peuvent céder leurs droits à l'hypothèque légale ou y renoncer en faveur des tiers que par acte authentique. » Et l'article 2139, parlant de la subrogation à l'hypothèque en général, disait : « Le créancier à qui l'hypothèque a été consentie, ses héritiers ou ayants cause, pourront céder cette hypothèque. » Le rapport présenté par M. Persil ne s'expliquait pas sur le sens de ces expressions : céder leurs droits à l'hypothèque, céder l'hypothèque. La commission de l'Assemblée législative substitua, dans les articles 2115 et 2159 de son projet, aux mots : céder l'hypothèque, ces mots : céder la créance hypothé-

_____
(1) Bertauld, *Subrog.*, n° 10.

caire, ou les droits à l'hypothèque, pour les raisons suivantes :

L'article 2139 du projet paraît supposer que l'hypothèque peut être cédée indépendamment de la créance. La commission ne croit pas devoir admettre ce genre de cession, qui lui paraît contraire aux principes et sujet à de graves inconvénients. La pensée qui a inspiré l'article 2139 doit être approuvée, mais sa rédaction se prête à des interprétations dangereuses. Le projet paraît admettre qu'un créancier hypothécaire pourra céder son hypothèque sans sa créance : une semblable cession ne se comprend pas. On doit donc exprimer formellement la faculté de céder la créance hypothécaire, mais non la faculté de céder l'hypothèque comme droit distinct. Étant donnés ces projets, qu'a fait le législateur de 1855? A-t-il dit : les femmes ne peuvent céder leurs droits à l'hypothèque légale, ou les femmes ne peuvent céder leurs créances hypothécaires? Bien au contraire, la commission du Corps législatif de 1855 ne partagea pas les terreurs de la commission de 1849, et adopta une tout autre rédaction; l'article 9 fut ainsi définitivement conçu : « dans le cas où les femmes peuvent céder leur hypothèque légale ou y renoncer. » Ce changement catégorique, rapproché des discussions de l'Assemblée législative, n'indique-t-il pas de la manière la plus évidente que le législateur de 1855, pour lequel ces discussions étaient des souvenirs tout récents, admet la cession d'hypothèque réprouvée par la commission de 1850?

41. La rédaction nouvelle, de l'aveu de presque tous les auteurs, a tranché définitivement la question et mis fin à la controverse. Les adversaires les plus déclarés de la cession d'hypothèque séparée de la créance ont reconnu que l'article 9 en avait consacré la légitimité; bien peu d'auteurs (1), Aubry et Rau, Benech, Bertauld, ont maintenu leur première opinion; outre les arguments que nous avons cités dans leur sens, ils invoquent le rapport de la commission de 1855 : la loi sur la transcription n'a pas pour but de modifier, en quoi que ce soit, la

(1) Aubry et Rau, 288, texte et note 2; Benech, *du Nantissement*, nos 18 et suiv. Bertauld, *Subrog.*, nos 11 et suiv.

législation relative aux droits de la femme mariée en matière de cession ou de renonciation à son hypothèque légale. Ils ajoutent que le législateur n'avait rien à dire sans empiéter sur le domaine du jurisconsulte; car l'impossibilité ne résulte pas d'une prohibition plus ou moins arbitraire, plus ou moins sensée; elle résulte de la logique du droit, de nécessités rationnelles, si impérieuses, si essentielles qu'elles n'appellent aucune sanction. Non, la loi de 1855 n'a pas voulu modifier l'état de choses existant; elle devait le conserver, elle l'a conservé; elle a dit simplement : la femme, comme par le passé, pourra céder son hypothèque indépendamment de sa créance, comme l'ont admis la pratique et la jurisprudence, et dans les cas où elle le pourra, il faudra qu'elle se conforme aux exigences de la loi. Personne aujourd'hui n'hésite à admettre ce résultat.

42. On pourra encore discuter sur le point de savoir quelle a pu être l'intention des parties, lorsqu'elles ont stipulé une subrogation à l'hypothèque légale, mais on ne pourra plus discuter, au point de vue juridique, la théorie que nous venons d'exposer sur la subrogation, qui, pour nous, est le contrat bien simple par lequel une femme, voulant ajouter au crédit de son mari, détache éventuellement de sa propre créance l'hypothèque que la loi y a jointe, et en transporte tous les bénéfices à la créance qu'un tiers a contre son mari. Du reste, pour arrêter toute discussion sur la validité de la convention passée dans les termes que nous avons cités, les praticiens ajoutent généralement à la liste des expressions destinées à caractériser la subrogation à l'hypothèque, ces mots : « la cession des droits et reprises de la femme avec subrogation à l'hypothèque légale (1). »

43. Cependant la théorie que nous venons d'exposer doit être bien comprise et renfermée dans de justes limites. Quelques auteurs ont dit : mais alors, s'il en est ainsi, l'hypothèque pourra être à jamais détachée de la créance originaire pour être ratta-

(1) Aubry et Rau, S 288 bis, no 20.

chée à une autre créance dont elle suivra uniquement et définitivement le sort ; elle prendra entre les mains du cessionnaire
une vie indépendante de la créance à laquelle elle a été primitivement attachée (1). Non, évidemment, il s'agit ici d'une convention toute particulière, d'un point tout spécial, et il n'est pas
permis d'étendre indéfiniment et à tous les contrats des effets et
des résultats qui, très-admissibles dans le cas dont nous nous
occupons, seraient impossibles si on les appliquait en dehors du
cercle où ils sont légalement renfermés. Comment faut-il comprendre cette transmission de l'hypothèque, entre quelles mains
en repose la propriété? Voici comment répondent les partisans
de la cession de l'hypothèque isolée de la créance de la femme.
« Le cessionnaire de l'hypothèque devient bien titulaire du
droit cédé, mais ce droit demeure subordonné à l'existence ultérieure de la créance; l'hypothèque est inséparable de la créance
en ce sens que, quoi qu'il advienne, sa nature, son étendue,
ses effets, seront toujours déterminés par le titre original (2). »
— « Si l'on cède son hypothèque en la rattachant à une autre
créance, on ne peut pas la rendre plus durable ni plus étendue
que si elle était restée l'accessoire de la première créance; elle
s'éteindra si cette créance s'éteint. Une hypothèque reçoit, au
moment de sa constitution, une mesure, des limites, des conditions d'existence que le créancier n'a pas le pouvoir d'élargir et
d'étendre (3). » — « L'hypothèque ne peut avoir sur la tête du
cessionnaire un autre caractère ni d'autres conditions d'existence
que sur la tête du cédant. Ce dernier ne peut transmettre le
droit que tel qu'il le possède : il a obtenu une hypothèque dont
l'efficacité est subordonnée à l'existence de la créance, c'est soumise à la même condition que la créance entre dans le patrimoine du cessionnaire (4). » — Enfin, M. P. Pont a très-bien
rendu cette idée : « Le droit hypothécaire ne cesse pas, même

(1) Aubry et Rau, § 288, n° 2.
(2) M. Beudant.
(3) M. Troplong.
(4) M. Martou.

aux mains du subrogé, de rester l'accessoire de la créance de la femme, et par conséquent le sort et l'étendue du droit hypothécaire sont réglés sur l'état et dans la mesure de la créance qu'il garantissait primitivement, abstraction faite de la créance personnelle du subrogé (1). » Nous n'avons pas la prétention d'expliquer plus clairement ce qui a été aussi nettement exposé, mais un point cependant nous paraît devoir être mis en lumière.

44. D'après nous, an moyen de la subrogation à l'hypothèque légale, la femme donne au créancier de son mari une garantie spéciale : elle conserve intacte sa créance contre son mari, elle en demeure propriétaire, cela n'est pas douteux; l'hypothèque, accessoire de sa créance, reste également la propriété de la femme, et ne passe pas aux mains du subrogé, comme semble le dire M. Pont ; mais cette propriété est modifiée, elle est tacitement soumise, par la nature même du contrat, à deux conditions : si le créancier subrogé est remboursé par le mari, si la femme, au moment de la liquidation à intervenir entre elle et son mari, n'est pas créancière de celui-ci; et l'hypothèque légale devient en même temps la propriété du créancier subrogé sous ces deux conditions : s'il n'est pas désintéressé par le mari ; si la femme, au moment de la liquidation, est créancière de son mari. La femme est donc propriétaire de l'hypothèque sous condition résolutoire, et le créancier subrogé, sous condition suspensive; si la condition à laquelle est tacitement soumise la cession de l'hypothèque est réalisée au moment de la liquidation, la femme n'a jamais été propriétaire, le créancier, l'a été du moment même de la convention; les articles 1179 et 1180 du Code civil sont entièrement applicables à notre sujet. Le créancier trouve ainsi, dans l'hypothèque à laquelle il a été subrogé, une garantie incomplète, c'est vrai, mais c'est la conséquence inhérente à l'engagement pris par la femme, lequel étant de sa nature éventuel et subordonné

(1) M. P. Pont, *Priv. et Hyp.*, I, n° 479.

au résultat d'une liquidation à intervenir, ne peut avoir d'effet utile que dans la mesure des droits constatés par la liquidation effectuée. La subrogation ne rend pas le subrogé créancier personnel du mari, à la place de la femme; elle lui donne seulement le droit d'invoquer l'hypothèque de la femme au rang qui doit lui être attribué.

45. On nous dit : si vous admettez que l'hypothèque, même après la cession, reste l'accessoire de la créance originaire, et s'éteint en même temps qu'elle, vous devez convenir que pour se prévaloir d'une hypothèque, il faut pouvoir invoquer l'existence de la créance originairement garantie par elle; et on ajoute : s'il faut, pour obtenir une collocation hypothécaire, invoquer, non pas seulement l'hypothèque, mais l'existence de la créance, n'est-il pas vrai de dire que la collocation hypothécaire attribuée, dit-on, à l'hypothèque, est en réalité attribuée à la créance originairement garantie par elle? Non, pour nous, cela n'est pas vrai dans notre espèce; si l'on veut bien envisager la convention et pénétrer au fond des choses, on verra que la seconde assertion ne découle pas du tout de la première. Oui, il faut que la créance originaire existe, mais suit-il nécessairement de là que cette créance doive appartenir au subrogé qui profitera de l'hypothèque? Pas le moins du monde. La créance de la femme reste parfaitement indépendante de celle du subrogé; le mari les supportera toutes les deux et jusqu'au jour de la liquidation l'hypothèque légale, du moins pour le montant de la créance du subrogé, planera pour ainsi dire sur les deux créances pour se rattacher définitivement à celle du subrogé, si la femme a des droits à exercer contre son mari. Donc c'est la créance hypothécaire du subrogé qui sera colloquée, et, dans cette limite, la femme aura toujours, mais n'aura plus qu'une créance garantie par une hypothèque du jour de l'obligation. (2135 C. c.)

46. Donc pas de cession de créance, pas de signification de cession au mari débiteur, pas d'acceptation par lui dans un acte authentique; la loi de 1855 nous a, sur ce sujet, donné raison

de la façon la plus éclatante. Quelle utilité peut-il y avoir à admettre ou à nier que l'hypothèque puisse être cédée indépendamment de la créance? Nous sommes malheureusement obligé de reconnaître que les discussions élevées sur cette question sont à peu près stériles et d'un intérêt nul au point de vue pratique. Pourquoi donc s'acharner encore à soutenir que l'hypothèque ne peut être cédée sans la créance? Nos adversaires tiennent surtout à affirmer leur respect consciencieux des principes, étant encore convaincus que la plupart des jurisconsultes, les praticiens, les tribunaux, le législateur lui-même, foulent indignement aux pieds les principes les plus élémentaires. Ils avouent, en effet, qu'on doit considérer comme valable la cession de l'hypothèque légale, parce que les conventions doivent s'entendre avec le sens qui doit leur faire produire un effet conforme à la volonté des parties; il ne faut donc pas s'en rapporter à la forme seule, mais juridiquement, la cession de créance doit toujours être sous-entendue dans la convention de cession d'hypothèque. Pour nous, nous prenons le contrat comme il se présente, et nous ne sous-entendons rien du tout.

3° Cession d'antériorité ou de priorité et promesse d'abstention.

47. Au lieu de céder sa créance hypothécaire, la femme peut céder seulement son droit de priorité; lorsque, traitant avec un créancier hypothécaire de son mari, elle consent, à titre de garantie, à faire profiter de son rang hypothécaire de femme mariée la créance garantie, et à voir ce créancier, quoique postérieur en date, payé avant elle sur le prix des immeubles appartenant au mari. La cession de priorité n'entraîne aucun déplacement ou échange des priviléges ou hypothèques respectivement attachés aux créances des parties; elle n'opère entre elles qu'une simple interversion de rang, entre la femme qui cède le sien et le créancier dont elle vient prendre la place; par conséquent, elle suppose nécessairement que le cessionnaire est lui-même créancier hypothécaire. C'est de toute évidence, puisqu'il n'est pas possible de concevoir une convention d'antériorité, une convention impliquant interversion de rang, entre deux personnes dont l'une n'a pas aussi bien que l'autre, au moment de la convention, un rang à donner en échange de celui qu'elle reçoit. Il en résulte, d'une part, que le créancier en faveur duquel a eu lieu la cession de priorité, ne peut en profiter pour se faire colloquer au rang du créancier qui l'a consentie, qu'autant que la créance de ce dernier existe encore et que son hypothèque a été conservée; d'autre part, que le créancier qui a obtenu la cession de priorité ne pourrait plus en invoquer le bénéfice, si son propre droit hypothécaire ne subsistait plus. D'après cela, il y a, entre la cession de la créance hypothécaire, la cession de l'hypothèque et la cession de priorité, cette différence que, pour les deux premières, il importe peu que le cessionnaire soit créancier chirographaire ou hypothécaire du mari, tandis que pour la dernière, il faut que le cessionnaire soit créancier hypothécaire. Mais en pratique, il n'y a pas de différence, car le subrogé à l'hypothèque légale est toujours, ou presque toujours, créancier hypothécaire (1).

48. On a dit que, par la cession d'antériorité, la personne, tout en conservant son hypothèque, promettait seulement à un créancier hypothécaire de ne pas s'en prévaloir contre lui, mais se réservait le droit d'user de tous les avantages de son rang vis-à-vis de tous autres créanciers (2). On a tout simplement confondu la cession d'antériorité avec la promesse d'abstention, deux conventions bien différentes. — Il y a, en effet, simple promesse d'abstention quand la femme prend envers un créancier de son mari l'engagement de tenir son hypothèque inactive, en tant qu'elle pourrait lui nuire; tandis qu'il y a cession d'antériorité quand la femme, traitant avec un créancier de son mari, lui cède, à titre de garantie, le montant éventuel de la collocation que lui assure le rang attaché à son hypothèque légale.

(1) Aubry et Rau, § 288. P. Pont, *Prlv. et Hyp.*, I, 458. — *Contra :* Mourlon, *Tr.*, II, p. 578.
(2) Denech, *Nantissement*, p. 38 et suiv.

49. La différence est facile à saisir : le mari a trois créanciers hypothécaires :

La femme, pour.	40,000 fr. de reprises
Primus, pour	20,000
Secundus, pour	40,000
TOTAL.	100,000 fr.

La femme consent une cession d'antériorité au profit de Secundus, et le prix à distribuer est de 60,000 fr. Secundus, empruntant le rang de la femme, viendra le premier et prendra 40,000 fr. Primus viendra le second, et prendra 20,000 fr. La femme n'aura rien. En effet, la convention a constitué un acte purement relatif, dont les effets se concentrent entre les parties, la cédante et son cessionnaire; les créanciers intermédiaires, étrangers à la convention, n'en profitent ni n'en souffrent : *res inter alios acta aliis nec prodesse, nec nocere potest* (1165).

50. Dans la même hypothèse, la femme consent au profit de Secundus une simple promesse d'abstention ; à l'égard des tiers, les effets sont les mêmes : Primus aura toujours la même condition. Le prix à distribuer est de 60,000 fr. La femme est encore exclue pour le tout, car elle ne peut faire valoir son hypothèque contre Secundus : Primus prendra 20,000 fr., Secundus prendra 40,000 fr.

Le prix à distribuer est de 20,000 fr. La femme les prendra, et Secundus n'aura pas à se plaindre, car lors même que la femme n'aurait pas fait valoir son hypothèque, il n'aurait rien obtenu, étant privé pour le tout par Primus. La femme a donc intérêt à ce que la somme à partager soit moins forte.

Le prix à distribuer est de 40,000 fr. Si la femme s'abstient, Primus aura 20,000 fr., et Secundus n'aura jamais que 20,000 fr. Si la femme fait valoir son hypothèque, Primus n'aura rien, la femme prendra, et ne pourra prendre que 20,000 fr., car Secundus prend tout ce à quoi il aurait droit si l'hypothèque légale de la femme n'existait point. Dans ces deux derniers cas, au contraire, une cession d'antériorité aurait toujours placé Secundus le premier.

51. Au point de vue juridique, ces conventions sont inattaquables. Quoi de plus licite, en effet, qu'une convention par laquelle un créancier hypothécaire promet à un autre créancier de lui abandonner la première place? Qu'importe aux autres créanciers que ce soit le cédant ou le cessionnaire qui fasse valoir la même hypothèque dans les mêmes conditions, puisque, dans aucun cas, ils ne doivent rien avoir. C'est une convention d'où ne peut sortir aucune lésion pour les tiers, et qui n'a rien de contraire à l'ordre public.

4° Renonciation à l'hypothèque légale.

52. Nous ne nous occuperons pour le moment de la renonciation faite par la femme à son hypothèque légale que d'une façon générale; nous examinerons la nature et le caractère juridique de cette opération, réservant pour la suite l'étude des effets qu'elle produit. Sans essayer de retracer ici les nombreuses théories et les interminables controverses qui se sont étendues sur ces questions, nous nous contenterons d'exposer seulement les principaux systèmes qu'a vus se développer la législation antérieure à la loi de 1855, et la théorie à laquelle se sont ralliés depuis cette époque presque tous les auteurs et la jurisprudence. La renonciation à l'hypothèque légale peut être expresse ou tacite.

A. *Renonciation expresse.*

53. La renonciation dont il s'agit ici n'est pas l'opération prévue par les articles 2144 et 2145 du Code civil, et soumise à des formalités exceptionnelles, qui est consentie au profit du mari seul. Nous avons vu quelles énormes différences séparent la renonciation et la restriction. Nous supposerons une renonciation à l'hypothèque légale consentie au profit d'un tiers, et que l'on appelle ordinairement une renonciation *in favorem;* cette renonciation peut être faite par la femme mariée et capable, à la seule condition qu'elle soit autorisée de son mari, quand même ce dernier devrait en profiter. Plusieurs cas peuvent se présenter.

54. 1° La femme renonce à son hypothèque en faveur d'une personne qui n'a aucun droit sur les biens du mari, qui lui est tout à fait étrangère, par exemple en faveur d'un créancier qui n'a pour débiteur que la femme, ou un tiers autre que le mari. Il n'y aurait alors aucun doute : la renonciation consentie en faveur de ce tiers qui n'a aucun droit à exercer en son nom sur les biens du mari, n'aurait aucun effet si elle devait entraîner seulement l'extinction de l'hypothèque légale de la femme à son égard. Cette renonciation devrait donc, pour avoir effet, s'entendre dans le sens de cession d'hypothèque, ou de subrogation à l'hypothèque légale. Remarquons, en effet, combien cette convention se rapproche de cette autre, conçue dans les mêmes termes : Primus, propriétaire de tel bien, renonce à sa propriété en faveur de Secundus. N'y a-t-il pas là évidemment, dans cette renonciation, un véritable contrat translatif de propriété? Assurément oui, c'est la seule manière de l'interpréter raisonnablement. Ainsi, la seule façon sérieuse d'interpréter utilement une renonciation à l'hypothèque légale, en faveur d'un tiers qui n'a sur les biens du mari aucun droit de son chef, consiste à y voir une véritable cession ou subrogation à l'hypothèque. Les renonciations dont nous venons de donner un exemple ont reçu une dénomination qui s'accorde avec les effets qu'elles produisent : on les appelle *renonciations translatives* ou *transmissives*, par opposition à celles qui, sans donner à un tiers le droit d'invoquer à son profit l'hypothèque de la femme, entraînent l'extinction de cette hypothèque, et enlèvent seulement à la femme la possibilité d'invoquer ses droits hypothécaires contre le créancier en faveur duquel elles ont été faites; ces renonciations sont pour cela appelées *privatives, abdicatives* ou *extinctives.*

55. 2° Mais, lorsque la renonciation à l'hypothèque légale a été consentie au profit d'un tiers créancier du mari ou acquéreur de ses biens, on peut interpréter la convention de plusieurs manières et lui faire produire des effets différents, selon la façon dont on comprend l'intention des parties. Ainsi la femme peut vouloir : ou bien conserver son hypothèque et s'en réserver le bénéfice vis-à-vis de tous ceux avec lesquels elle n'a pas traité, s'engageant seulement à ne pas l'opposer au tiers qui a reçu d'elle sa renonciation; ou bien se dépouiller entièrement de cette hypothèque, en transférer la propriété au bénéficiaire de la renonciation, l'y subroger, en un mot, de manière qu'il en use comme elle l'aurait fait elle-même à l'encontre des autres créanciers. Dans le premier cas, la renonciation est bien reconnue comme simplement extinctive; dans le deuxième cas elle est reconnue comme translative du droit hypothécaire.

50. Mais lorsque la femme, sans indiquer nettement son intention, s'est contentée de dire qu'elle renonçait en faveur d'un créancier de son mari, à son hypothèque légale, dans quel sens le contrat devra-t-il être interprété ?

57. Suivant M. Proudhon, la renonciation à l'hypothèque légale ne peut pas être confondue avec la subrogation : elle ne donne aux tiers en faveur desquels elle intervient que le droit de se partager par contribution l'émolument de l'hypothèque; elle est, indépendamment de toute stipulation, la conséquence nécessaire de tout engagement souscrit par une femme mariée. « La renonciation ne peut donner aucun droit de préférence au créancier sur les autres, car, autre chose est de renoncer à l'exercice d'un droit, et d'y renoncer même en faveur de quelqu'un, autre chose est de lui déléguer ou céder ce même droit pour qu'il l'exerce à son profit sur des tiers; la renonciation n'est que privative pour celui qui la fait. — La renonciation n'est qu'un acte d'abstention par lequel la femme promet de ne pas se prévaloir des avantages qu'elle pourrait avoir sur le prêteur; il ne peut donc en résulter ni transport ni délégation de droits à faire valoir sur des tiers. Lorsque la femme contracte avec son mari, pour garantir l'emprunt fait par celui-ci, il est certain qu'elle est censée renoncer à tous ses priviléges et hypothèques, puisqu'elle est tenue de remplir ses engagements sur tout ce qu'elle peut avoir (2092 C. c.), et que le prêteur peut forcément obtenir la subrogation judiciaire dans les droits de sa débitrice. Mais, puisqu'il n'est pas possible d'admettre ce système de préférence

par dates, entre les créanciers qui n'ont pour eux que l'obligation personnelle de la femme, on est forcé d'arriver à cette conséquence que la renonciation ne peut avoir par elle-même et par elle seule les effets d'un transport qui lui donnerait un droit de préférence sur les autres (1). »

58. D'après cette opinion, la renonciation à l'hypothèque oblige la femme à laisser sa collocation hypothécaire se partager au marc le franc entre les bénéficiaires successifs de renonciations. Du moment que l'obligation personnelle de la femme envers un créancier du mari entraîne renonciation tacite à l'hypothèque légale, parce que la femme est tenue de remplir ses engagements sur tout ce qu'elle peut avoir, et que le prêteur peut obtenir la subrogation judiciaire dans les droits de sa débitrice, il faut admettre que toute obligation personnelle de la femme entraîne renonciation tacite à l'hypothèque légale, puisque toute obligation personnelle de la femme la force à remplir son engagement sur tous ses biens. Le tiers qui a traité avec la femme a donc contracté, non-seulement dans son propre intérêt, mais encore dans l'intérêt de tous les autres créanciers de la femme. Exposer une semblable théorie, c'est suffisamment la combattre, et nous n'ajouterons que quelques mots. Comment admettre une opinion qui assimile la renonciation au droit hypothécaire à une simple obligation? Le créancier qui stipulerait une renonciation expresse à l'hypothèque légale ferait donc une œuvre tout à fait inutile, puisque la renonciation accompagne toujours une obligation personnelle de la femme? Quand une renonciation est faite en faveur d'une personne déterminée, avec laquelle le renonçant traite directement, l'intention des parties serait méconnue et le but qu'elles se proposent ne pourrait pas être atteint si la renonciation était purement extinctive, si elle n'était considérée comme l'équivalent d'une cession faite à l'une d'elles du droit abdiqué par l'autre. Du reste, cette interprétation finit par admettre que la femme conserve son hypothèque légale : les re-

---

(1) Proudhon, *De l'Usufruit*, n° 2339.

nonciations constitueraient si peu des abdications de la part de la femme, présentée comme renonçante, que les bénéficiaires ne se distribueraient la collocation à elle afférente que parce que cette collocation n'aurait pas cessé de lui appartenir, et par suite continuerait d'être leur gage.

59. D'après une deuxième opinion, la renonciation à l'hypothèque au profit d'un créancier du mari pourrait être entendue dans ce sens que, sans donner à ce créancier le droit d'exercer à son profit l'hypothèque de la femme, elle entraîne l'extinction de cette hypothèque, ou promesse de la femme de ne pas l'invoquer pour le cas où son exercice pourrait nuire au bénéfice de la renonciation. Et alors, suivant les uns, la renonciation aura un effet absolu, c'est-à-dire que la femme sera supposée avoir promis de considérer son hypothèque comme éteinte absolument *erga omnes*, pour le cas où son exercice nuirait au bénéficiaire de la renonciation : tous les créanciers inscrits monteront d'un rang ; suivant les autres, elle aura un effet relatif, c'est-à-dire que les créanciers intermédiaires entre la renonçante et le subrogé ne pourront aucunement se prévaloir de la renonciation, la femme ne sera obligée de s'abstenir d'invoquer son droit hypothécaire qu'autant que l'exercice de ce droit nuirait au bénéficiaire de la renonciation et dans la mesure du préjudice qu'il pourrait lui causer. Mais, dans tous les cas, à l'égard du bénéficiaire, peu importe que la femme renonce à son hypothèque d'une façon absolue ou relative, tout se passera comme si la femme n'existait pas. Cette théorie aboutit à cette conclusion : que la femme renonce uniquement à invoquer son hypothèque à l'encontre du créancier de son mari, pour le cas où cette hypothèque pourrait lui nuire, mais qu'elle conserve le droit de se considérer vis-à-vis de lui comme créancière chirographaire du mari ; qu'elle promet uniquement de lui laisser prendre sur sa propre collocation le dividende auquel il pourrait prétendre si elle figurait comme lui parmi les créanciers chirographaires. En résumé, la renonciation, bien qu'interprétée dans le sens de promesse de ne pas invoquer l'hypothèque légale dans les limites

que nous avons indiquées, ne constituerait pas une simple promesse, une simple obligation personnelle, non opposable aux
ayants cause à titre particulier de la femme, mais une extinction
totale ou partielle de l'hypothèque légale, opposable aux ayants
cause de la femme. Dans ce système, la renonciation est considérée comme purement extinctive de l'hypothèque; c'était une
conséquence forcée de la doctrine adoptée au commencement par
quelques auteurs sur la transmission de l'hypothèque sans la
créance. Comme ils ne croyaient pas cette cession possible, ils ne
pouvaient être conduits à interpréter la renonciation dans le sens
d'une transmission (1).

60. Enfin, d'après un troisième système, la renonciation à
l'hypothèque légale est une véritable cession ou subrogation à
l'hypothèque et doit en avoir tous les effets, que le bénéficiaire
de cette renonciation soit ou ne soit pas créancier du mari. C'est
l'interprétation la plus avantageuse pour celui en faveur duquel
la renonciation est consentie. Dans cette opinion, la renonciation
est transmissive, translative d'hypothèque légale, et équivaut à
une subrogation. La plupart des auteurs s'étaient ralliés à cette
opinion, l'expérience ayant montré que telle était presque toujours l'intention des parties; on reconnaissait que la femme, en
disant au créancier de son mari : je renonce à mon droit hypothécaire en votre faveur, avait voulu dire : si je me dépouille de
mon hypothèque, c'est pour vous la donner, de même qu'une
renonciation à un droit de propriété en faveur d'une personne
équivaut à la cession de ce droit. C'est dans ce sens que la pratique a depuis longtemps interprété la clause de renonciation à
cette hypothèque au profit du créancier du mari.

61. Et, comme nous n'avons cessé de le dire et de le prouver
depuis le commencement de cette étude, il faut, en cette matière,
reconnaître une grande force à l'interprétation donnée par les
praticiens aux clauses qu'ils imaginent, surtout lorsque cette opinion a persisté pendant longtemps; les parties qui emploient une

---

(1) Mourlon, *Subrog. personnelles*, p. 600. — *Transcr.*, II, nᵒˢ 938 et suivants.

clause doivent être, à moins de circonstances spéciales, censées la prendre avec le sens qui lui est généralement reconnu. La loi de 1855 est venue mettre fin à la controverse qui présentait, du reste, peu d'intérêt, et a résolu définitivement la question dans le sens de l'opinion commune ; en effet, l'article 9 de cette loi assimile complétement la cession d'hypothèque et la renonciation à l'hypothèque: il les soumet aux mêmes conditions de forme et de publicité ; il appelle, en effet, cessionnaires, ceux qui bénéficient de l'une ou de l'autre, leur fait produire les mêmes effets, supposant dans son second alinéa que les bénéficiaires de l'une ou de l'autre exercent les droits hypothécaires de la femme ; enfin, les confond dans un même nom générique : celui de la subrogation. Un des adversaires de cette opinion a reconnu dans son *Traité de la Transcription* qu'il n'y avait plus de doute possible (1).

62. Mais il faut, de l'avis de tous, n'admettre cette doctrine qu'avec un certain tempérament et ne pas s'exagérer les conséquences sous-entendues de cet article 9 ; il faut reconnaître qu'en principe, l'interprétation des clauses de renonciation reste soumise à l'appréciation des tribunaux et peut varier suivant les circonstances : ni les travaux préparatoires, ni les termes de la loi nouvelle, n'autorisent à soutenir que les juges soient aujourd'hui obligés d'interpréter toujours les renonciations à l'hypothèque légale dans le sens de subrogation ; le législateur ne l'a pas dit et n'avait pas le droit de le dire, car les contrats sont ce que les fait la volonté des parties ; leur véritable signification se recherche, elle ne s'impose pas. Il n'y a donc là qu'une simple présomption. La loi offre une interprétation comme probable, notre premier devoir sera de deviner l'intention des parties, et il pourra résulter de notre examen que la femme n'a pas entendu céder son hypothèque, mais qu'elle a simplement promis de ne pas l'exercer en tant qu'elle pourrait nuire à un tiers avec qui

(1) P. Pont, *Priv. et Hyp.*, I, n° 476 ; Aubry et Rau, § 288 *bis*, n° 28 ; Bertauld, *Subrog.*, n° 50; Troplong, *Transcr.*, n° 332; Gauthier, *Subrog.*, n° 583 ; Mourlon, *Transcr.*, n° 076.

elle a traité, se réservant d'ailleurs à elle seule le droit de la faire valoir et d'en recueillir les bénéfices vis-à-vis de toute autre personne, par exemple, si l'acte porte que la femme s'engage seulement à ne pas se prévaloir contre tel créancier de son hypothèque, cette clause s'entendra difficilement dans le sens d'une subrogation, et il faudra l'interpréter dans le sens d'une promesse d'abstention ou renonciation abdicative pour le cas où l'exercice de l'hypothèque pourrait nuire à ce créancier, sauf à voir ensuite si cette promesse d'abstention doit avoir ou non des effets à l'égard des créanciers autres que le bénéficiaire de la renonciation. En général, celui-ci ne doit pas avoir songé à protéger des intérêts autres que les siens, il ne faudra donc donner à la renonciation que des effets purement relatifs. Si, au contraire, l'acte porte que la femme renonce à son hypothèque légale au profit d'un tel et l'y subroge ou le met en son lieu et place, il n'y a pas de doute, cette clause renferme évidemment une subrogation à l'hypothèque légale. De même, si l'acte renferme une simple clause de renonciation à l'hypothèque au profit d'un créancier du mari, sans autre explication, cette clause sera jugée contenir une renonciation transmissive, une véritable subrogation à l'hypothèque légale. Il faudra toujours, en un mot, adopter l'interprétation jugée la plus conforme à l'intention des parties et en même temps au sens littéral des termes employés.

B. *Renonciation tacite.*

63. Lorsque la femme déclare dans le contrat céder son hypothèque légale à un tiers et y renoncer, il n'y a pas de doute sur la volonté de se démettre de son hypothèque; on peut discuter sur la portée, l'étendue de cet abandon, mais il est évident que la femme a entendu abandonner quelques-uns de ses droits; la légitimité de cette convention n'est plus contestable depuis la loi de 1855. Il n'en est pas ainsi quand il s'agit d'une subrogation ou d'une renonciation tacite invoquée par un créancier; ici, tout n'est que conjectures; d'abord, la renonciation tacite à l'hypothèque légale est-elle possible, est-elle admissible?

64. Nous répondrons sans hésiter : oui, on peut tacitement

renoncer à un droit hypothécaire, et en particulier, les femmes peuvent renoncer tacitement à leur hypothèque légale. Sur ce point, la tradition est constante : le droit romain et l'ancien droit français ont reconnu la validité des renonciations tacites. Les lois romaines nous apprennent que le consentement donné par un créancier à l'aliénation d'un bien hypothéqué à sa sûreté, renferme une remise tacite de son droit d'hypothèque : *creditor qui permittit rem venire pignus dimittit.* « Le débiteur, disait Pothier, n'ayant pas besoin du consentement de son créancier pour aliéner son héritage avec la charge des hypothèques, le consentement du créancier ne peut paraître requis et donné pour une autre fin que pour remettre son hypothèque (1). » Nous ne trouvons dans l'ancien droit français que les arrêts de Lamoignon qui soient contraires à cette doctrine : « Le créancier, y est-il dit, conserve son hypothèque sur l'héritage aliéné par son débiteur, encore qu'il ait agréé l'aliénation et signé le contrat avec déclaration que l'héritage était franc et quitte de toutes hypothèques, si ce n'est que par une clause expresse et spéciale il n'ait renoncé à son hypothèque. » Mais cette opinion isolée n'a jamais fait autorité dans la pratique, et il était admis que le créancier qui consent l'aliénation de son gage perd son hypothèque s'il ne la réserve.

65. Cette règle n'était pas, du reste, spéciale à l'hypothèque, elle s'appliquait aussi à l'usufruit; le consentement donné par l'usufruitier à la vente de la chose grevée d'usufruit emportait de sa part une renonciation tacite à son droit. Le Code aurait-il modifié cette doctrine et opposé son autorité à celle de l'histoire? Un seul auteur, M. Duranton, l'a pensé. Le Code, en effet, ne s'est expliqué qu'au sujet de l'usufruit; l'article 621 exige, pour que l'usufruitier soit privé de son droit, qu'il y ait formellement renoncé; il repousse donc les renonciations tacites à l'usufruit, et cela est d'autant plus remarquable, qu'elles étaient admises à Rome et dans notre ancien droit. Quant aux hypothèques, au contraire, le Code, dans l'article 2180, laisse la question indécise;

(1) Pothier, *Des Hyp.*, ch. III, § 8.

on devrait donc en conclure que la renonciation tacite à l'hypothèque est permise puisqu'elle n'est pas défendue. Mais M. Duranton pense, au contraire, qu'il faut, en cette matière, considérer l'esprit général du Code, puisqu'il ne s'est pas formellement
prononcé; or, l'esprit du Code n'est pas douteux, on le voit partout exclure les renonciations tacites, et dans l'article 629 et dans
l'article 1338, où il est dit formellement que la renonciation au
droit d'attaquer un acte annulable ou rescindable n'a point d'effet
si elle n'est expresse. Est-il logique, du reste, d'admettre pour
l'hypothèque une renonciation tacite, alors qu'on la repousse en
matière d'usufruit? Le créancier hypothécaire ne doit-il pas inspirer autant d'intérêt que l'usufruitier? Cette prohibition des
renonciations tacites à l'hypothèque est, de plus, parfaitement
raisonnable, l'abandon d'un droit ne doit jamais être présumé.
Elle aurait, en outre, quant à l'hypothèque légale de la femme,
des avantages incontestables, car il est bien certain que la plupart des femmes qui concourent à la vente d'un immeuble du
mari, ne se rendent pas compte de l'effet qu'on veut tirer de
cette circonstance. Enfin, l'exigence d'une renonciation expresse
n'aurait aucun inconvénient pour le crédit du mari, elle l'obli-
gerait seulement à attirer, par une clause formelle, l'attention de
la femme sur les conséquences de l'acte qu'elle va consentir.
Cette opinion peut encore s'appuyer sur l'article 20 du décret du
28 février 1852, sur le crédit foncier, qui ne faisait point résulter la renonciation tacite à l'hypothèque légale du seul fait que
la femme aurait été présente au contrat de prêt passé entre le
mari et le crédit foncier, et sur l'article 9 de la loi de 1855, qui,
en soumettant les subrogations et renonciations au régime de
l'authenticité, montre suffisamment que les renonciations ne
peuvent être admises qu'autant qu'elles ont été consenties à bon
escient et en parfaite connaissance de cause.

66. Malgré ces raisons si bonnes, la jurisprudence et les auteurs n'ont pas hésité à admettre unanimement la validité des
renonciations tacites à l'hypothèque pour des motifs certainement
préférables à ceux que nous venons d'exposer en faveur de l'opi-

nion contraire. D'abord, il faut tenir compte de tout ce qui était admis en droit romain et dans l'ancienne jurisprudence; la loi de messidor an III, dans son article 1°, abrogea les renonciations tacites; le Code n'a pas reproduit cette défense, donc il a voulu revenir à l'ancien droit; ensuite, il est de principe, en matière de convention, que l'accord des parties produit les effets qu'elles ont eus en vue, si la loi n'a pas, par quelques dispositions spéciales, exigé un consentement exprès; et puisque le législateur a pris soin d'exclure les renonciations tacites en matière d'usufruit et n'en a rien dit aux hypothèques, c'est qu'il a voulu les conserver en notre matière : *qui dicit de uno negat de altero.* On nous oppose que l'usufruit et l'hypothèque ayant été autrefois soumis aux mêmes règles, il serait aujourd'hui contradictoire de les régir d'après des principes différents.

67. Mais alors il faudrait prouver que la renonciation à l'usufruit et la renonciation à l'hypothèque sont unies entre elles par un lien aussi étroit. Tout au contraire, la différence est bien sensible : renoncer à un droit d'usufruit, soit au profit du nu-propriétaire, soit au profit d'un tiers, c'est faire une véritable donation, or dans notre droit, les donations ne se présument jamais. Renoncer à une hypothèque est, de la part de la femme, un acte qui n'a pas le caractère d'une libéralité; elle le fait pour obliger son mari, pour lui rendre un crédit qui profitera à la société conjugale; elle continue du reste à rester créancière, sa créance n'est en rien diminuée. L'article 1338 reconnaît que la renonciation au droit d'attaquer un acte peut résulter tacitement de l'exécution de cet acte; et on admet généralement que l'article 621 n'exige pas nécessairement une renonciation expresse à l'usufruit, qu'il a seulement pour objet d'empêcher l'usufruitier d'être privé de son droit par surprise; la renonciation doit être formelle, dit l'article 621, c'est-à-dire tellement claire et évidente qu'elle soit exclusive de toute espèce de doute; mais elle peut être tacite (1). C'est ce que disait Pothier : « Pour que le consentement donné

(1) Aubry et Rau, § 231, n° 42; Mourlon, *Transcr.*, II, p. 612.

par le créancier à l'aliénation renferme une remise tacite de son droit d'hypothèque, il faut que ce consentement soit formel (1). » Quant à l'article 20 du décret de 1852, c'est une disposition spéciale; et si l'article 9 de la loi de 1855 exige que la renonciation soit contenue dans un acte authentique, il n'exige nullement que la renonciation soit expresse; une renonciation tacite doit suffire pourvu que l'acte d'où elle résulte soit authentique. Certainement, les femmes qui donnent leur concours aux actes d'où l'on fait généralement résulter une renonciation tacite à l'hypothèque légale, ne se rendent pas toujours un compte bien précis des conséquences de ce concours; mais peut-on dire aussi qu'elles aperçoivent mieux les effets de la renonciation expresse, quand les jurisconsultes eux-mêmes ne peuvent s'entendre à cet égard? Quel est le but que veut atteindre la femme? Donner au créancier du mari, ou à l'acquéreur d'un immeuble du mari, une sûreté spéciale qui l'engagera à contracter; quant aux effets que le contrat peut entraîner, quelle a pu être l'intention de la femme, dans quel sens trancherait-elle le doute? Elle a voulu évidemment, dans le but de procurer au mari des fonds, ou de faciliter la vente de ses immeubles, garantir sérieusement les tiers contre tout préjudice.

68. Nous avons ainsi terminé l'exposition des différentes formes que peut affecter la subrogation à l'hypothèque légale, nous pouvons déjà dire qu'il y a, entre ces variétés de conventions, des différences assez sensibles, mais plus apparentes que réelles; c'est ce que nous essaierons de montrer en traitant des effets de la subrogation et de la renonciation à l'hypothèque légale. Ainsi, toutes les conventions de l'espèce, cession ou renonciation, aboutissent au même résultat, quelle que soit l'étendue de la cession ou quel que soit le caractère de la renonciation. S'agit-il d'une cession, il importe peu qu'elle ait pour objet la créance, le droit d'antériorité, ou l'hypothèque seulement; s'agit-il d'une renonciation, il importe peu qu'elle soit expresse ou tacite; en toute

(1) Pothier, *Hypoth.*, n° 123.

hypothèse, la convention produit un effet commun, qui est la subrogation du créancier en faveur duquel elle intervient dans l'hypothèque légale, et par conséquent qui met ce créancier aux lieu et place de la femme pour l'exercice, le cas échéant, du droit que celle-ci lui a éventuellement abandonné (1).

(1) P. Pont, *Priv. et Hyp.*, I, n° 478.

CHAPITRE DEUXIÈME.

Comment s'opère la subrogation à l'hypothèque légale.

————

§ 1. — CONDITIONS DE FORME.

69. La subrogation peut être expresse ou tacite, nous venons de le démontrer : elle est expresse non-seulement quand les parties se sont servies de l'expression même de *subrogation*, mais encore quand elles ont employé des termes équivalents ; elle est tacite, quand les parties, sans employer aucun terme de ce genre, ont manifesté suffisamment et d'une façon non douteuse leur intention de consentir et d'accepter une subrogation à l'hypothèque légale. Occupons-nous maintenant de rechercher comment s'opère la subrogation expresse, à quelles conditions de forme et de publicité elle est aujourd'hui soumise.

70. La loi du 23 mars 1855, ainsi que nous l'avons déjà fait remarquer, n'a touché en rien au fond de la subrogation, et n'a pas voulu modifier la législation relative aux droits et à la capacité de la femme mariée en matière de cession ou de renonciation à son hypothèque légale ; elle ne s'est occupée que de la forme et de la publicité des actes contenant subrogation ou renonciation à cette hypothèque. Avant de commencer l'explication de l'article 9 de cette loi, le seul texte qui régisse notre matière, nous croyons utile d'exposer brièvement quelles étaient, relativement à la forme des subrogations et au conflit entre les bénéficiaires successifs de la subrogation, les solutions admises par la jurisprudence avant la loi de 1855.

71. On avait déjà unanimement reconnu que les articles 2144 et 2145 du Code civil, ne s'occupant que de la réduction de l'hypothèque légale consentie par la femme au profit de son mari, la

subrogation à l'hypothèque légale consentie par la femme à un tiers, même dans l'intérêt de son mari, n'était soumise à aucune formalité. Ce n'est pas une cession de la créance hypothécaire, par conséquent elle ne tombe pas sous le coup de l'article 1690; ce n'est pas un contrat de gage, par conséquent elle est sous-traite aux conditions des articles 2078 et 2079. Donc, avant la loi de 1855, la subrogation, contrat nouveau, né de l'insuffisance de la loi, devant tout à la pratique et rien au législateur, se formait, comme tous les contrats conventuels, d'après le droit commun, par le seul accord des volontés, sans être astreinte à aucune rè-gle spéciale, à aucune forme solennelle; elle pouvait se faire, soit par acte authentique, soit par acte sous seing privé. La femme, sans conseils, sans appui, soumise à la seule influence de son mari, se dépouillait, la plupart du temps, de son hypothèque, sans comprendre la portée de son acte ou sans avoir la force de résister aux sollicitations pressantes de son mari.

72. Depuis longtemps on s'était aperçu de l'abus et on avait cherché à porter remède à une situation aussi fâcheuse. En 1849, lors de l'enquête ordonnée par le Gouvernement sur les réformes à introduire dans notre régime hypothécaire, les facultés de droit, les cours, demandèrent à l'envi que la femme fût protégée contre la facilité avec laquelle elle pouvait céder son hypothèque légale ou y renoncer dans l'intérêt de son mari; chacun proposait son moyen, en général assez radical: engagement personnel de la femme envers les créanciers du mari subrogés à l'hypothèque (1); exigence des formalités des articles 2144 et 2145 (2); nécessité de l'autorisation judiciaire (3). « Il paraît extraordinaire, disait la Cour d'Orléans, que le mari, qui crée l'incapacité de la femme, puisse lever lui-même cette incapacité, et l'autoriser à contracter en sa faveur. » Toutes, du reste, étaient d'accord pour exiger un acte authentique auquel serait subordonnée la validité de la su-brogation à l'hypothèque légale. En 1849, le projet de réforme

(1) Cour de Poitiers; Fac. de Strasbourg.
(2) Cours de Metz et de Paris.
(3) Faculté de Paris.

hypothécaire soumis à l'Assemblée législative donnait satisfaction à ces réclamations, dans l'article 2127, ainsi conçu : « Les femmes ne peuvent céder leur hypothèque légale aux créanciers envers lesquels elles s'obligent conjointement avec leurs maris, ni renoncer à cette hypothèque en faveur de ces mêmes créanciers, que par acte authentique. » Et la commission appuya cette demande de ces raisons : les cessions et renonciations sont rarement l'œuvre libre et raisonnée de la femme ; elle y souscrit aveuglément, de confiance ou trop souvent pour la paix du ménage, à qui elle sacrifie son avenir et celui de ses enfants ; faisant remarquer toutefois qu'il était impossible de soumettre ces actes à des formalités trop rigoureuses sous peine de paralyser la fortune de la femme : nous nous sommes bornés à exiger plus de solennité pour la renonciation à son hypothèque et pour la cession qu'elle en ferait, espérant que la forme authentique qui amène l'intervention du notaire porterait à une plus mûre réflexion, que l'officier public aurait, du reste, pour devoir de provoquer.

73. Ces réclamations furent écoutées du législateur, et l'article 9 de la loi de 1855 s'est approprié la solution proposée : « Dans le cas où les femmes peuvent céder leur hypothèque légale ou y renoncer, cette cession ou renonciation doit être faite par acte authentique. » L'authenticité est requise, *non ad probationem*, mais *ad solemnitatem*, afin de protéger la femme contre sa propre faiblesse, soit en attirant par la solennité de l'acte son attention sur le sacrifice qu'elle consent, soit en la plaçant sous la sauvegarde d'un officier public chargé de l'éclairer, soit enfin en établissant, grâce aux lenteurs inséparables de la confection d'un acte authentique, une garantie contre la promptitude et la légèreté avec lesquelles elle pourrait, dans un premier mouvement, abandonner ses garanties hypothécaires. La loi n'exige pas un acte notarié, elle ne demande qu'un acte authentique ; la subrogation peut donc être valablement faite, non pas seulement par-devant notaire, mais encore par-devant tout officier public, ou tout juge compétent pour recevoir les conventions que font les parties qui se rendent ou qui sont en instance devant lui.

L'intervention de la justice eût peut-être été plus efficace, mais cela aurait entraîné des lenteurs et des frais considérables, et aurait été trop contraire à la liberté des conventions. Il résulte évidemment, et des termes formels de la loi : « Doit être faite par acte authentique, » et des motifs si judicieux qui l'ont fait édicter, que la subrogation à l'hypothèque contenue dans un acte sous seing privé, n'est point valable, même entre le subrogé et la subrogeante, et peut-être annulée, non-seulement sur la demande des autres subrogés, mais encore sur celle de la femme ou de ses créanciers chirographaires.

74. Quelques auteurs cependant ont soutenu que la condition d'authenticité n'est pas exigée pour la validité du contrat de subrogation, qu'elle est nécessaire à l'égard des tiers seulement, et que la nullité d'une subrogation constatée par un acte sous seing privé ne peut être demandée que par les créanciers postérieurs en date. L'article 9, selon eux, n'aurait d'utilité et d'intérêt que si la femme avait fait plusieurs subrogations successives; et il resterait sans effet s'il n'y avait qu'un seul cessionnaire (1).

75. Cette difficulté est née d'une idée émise par M. Suin, dans l'exposé des motifs de la loi de 1855 : « L'acte de subrogation doit être authentique, puisqu'il doit servir de base à une inscription qui ne peut se fonder que sur un acte solennel, » MM. Troplong et Pont n'ont pas hésité à admettre cette opinion, sans même essayer de la discuter; oubliant même les éloges qu'ils viennent d'adresser aux législateurs pour avoir pris la femme sous sa protection, ils concluent de la phrase citée que l'authenticité n'est exigée que dans l'intérêt du subrogé, pour lui permettre d'obliger le conservateur à rendre la subrogation publique, et opposable aux tiers. La femme, pas plus que ses créanciers, ne peut donc se plaindre de l'inobservation d'une condition qui n'est pas exigée dans son intérêt. D'ailleurs, disent-ils, les nullités sont de droit étroit, et l'article 9 de la loi de

(1) Troplong, *Transcr.*, n° 342; P. Pont, *Priv. et Hyp.*, I, n° 467.

1855 ne prononce pas la nullité de la subrogation consentie par acte sous seing privé.

76. Nous ne pouvons être de leur avis à ce sujet; est-il raisonnable d'attacher une si grande importance à une opinion personnelle, exprimée par hasard dans un rapport, et d'attribuer à cette phrase des effets si contraires à toutes les observations recueillies dans l'enquête et aux raisons invoquées pour appuyer la nouvelle décision? Il est évident, du reste, que si la nullité de la subrogation consentie par acte sous seing privé n'est pas écrite en termes formels dans l'article 9, elle résulte nécessairement de ces mots : « doit être faite par acte authentique, » et des motifs qui les ont fait écrire : la pensée du législateur ne peut pas être douteuse. Que résulterait-il de la validité de la subrogation par acte sous seing privé? Que la première subrogation consentie par la femme se ferait toujours en cette forme, et ne serait pas inscrite; qu'au moment où la femme consentirait une nouvelle subrogation, il faudrait dresser un acte authentique de la première et la faire inscrire. Ne serait-ce pas ajouter de nouvelles difficultés à toutes celles qui existent déjà, et mépriser la volonté du législateur? Du reste, les articles 1934, 2127, ne prononcent pas formellement la nullité d'un contrat de mariage ou d'hypothèque consenti par acte sous seing privé; qui voudra cependant reconnaître la validité des actes de cette sorte qui manqueront de la forme solennelle? De plus, la femme aura intérêt à opposer la nullité de la subrogation sous seing privé au créancier envers lequel elle ne s'est pas personnellement obligée, car elle sera ainsi libérée de toute obligation; et ses créanciers personnnels, pour éviter que le subrogé ne soit payé à leur détriment, pourront toujours invoquer cette nullité, tant dans l'intérêt de la femme que dans leur propre intérêt.

77. Un acte sous seing privé qui ne contient qu'une subrogation ou renonciation à l'hypothèque légale est nul. Mais si à cette subrogation la femme a joint une obligation personnelle, l'acte, nul quant à la cession de l'hypothèque, est valable quant à l'engagement pris par la femme; car la condition d'authenticité

n'a été appliquée qu'aux traités par lesquels elle dispose de son hypothèque légale. L'acte de subrogation sous seing privé est nul et ne peut être ratifié, car le consentement de la femme n'existe que du jour où il a été constaté par acte authentique. L'authenticité est requise aussi bien de la femme devenue veuve ou séparée de corps que de la femme encore dans les liens du mariage ; l'article 9 suit la femme dans toutes les conditions où elle se trouve, il ne fait pas de distinction. Quelle que soit la nature de l'acte par lequel elle fait passer son action hypothécaire en la personne d'un tiers; quelle que soit la dénomination sous laquelle elle le conclut, qu'elle fasse une subrogation ou une renonciation, qu'elle cède sa créance avec son hypothèque, ou son hypothèque seulement, ou son droit de priorité, peu importe; du moment que l'acte souscrit est subrogatoire, il appartient à la loi de l'authenticité (1).

78. La subrogation peut être consentie, soit par la femme elle-même, présente au contrat, soit par l'intermédiaire d'un mandataire; la procuration donnée par la femme, soit à son mari, soit à un tiers, à l'effet de céder son hypothèque légale ou d'y renoncer, doit-elle être donnée par acte authentique, ou peut-elle être donnée par acte sous seing privé? Ainsi qu'il a été décidé relativement au mandat de consentir une hypothèque, les auteurs et la jurisprudence sont aujourd'hui unanimes à décider que la procuration ne peut être donnée que par acte authentique; car c'est elle qui renferme le consentement de la femme à l'abandon de ses droits, et c'est au moment où ce consentement est accordé que la liberté de la femme doit, d'après l'article 9, être sauvegardée par la présence d'un officier public.

79. La subrogation exige, pour sa perfection, non-seulement le consentement de la femme, mais encore l'acceptation du subrogé; tant que l'offre de subrogation n'a pas été acceptée, il n'y a que simple pollicitation, la femme conserve le droit de la

---

(1) Bertauld, *Subrog.*, p. 170; Mourlon, *Transcr.*, nos 1005, 1010 et suivants.

rétracter. « L'acceptation du subrogé, dit M. Bertauld, doit être faite par acte authentique, c'est par elle que le contrat est formé; tout doit être solennel, et le consentement de la femme et le consentement du subrogé. » Telle n'est pas notre opinion; il est plus conforme à l'esprit de la loi d'admettre que l'acceptation peut avoir lieu par acte sous seing privé, car l'authenticité est exigée dans le but de protéger la femme contre sa faiblesse, et le créancier qui bénéficie du sacrifice de la subrogeante n'a pas besoin qu'on le protége. Mais le notaire qui rédige l'acte de la subrogation ne peut pas accepter au nom du subrogé; la loi en exigeant la forme authentique a voulu donner à la femme un protecteur chargé de l'éclairer; si le notaire se constitue le gérant d'affaires du créancier, il pourra oublier son rôle de protecteur légal de la femme; et il ne faut pas que le notaire figure dans l'acte de subrogation comme officier public et comme gérant d'affaires du créancier; dans ces conditions, tout serait nul; et l'acte, comme acte authentique, et la subrogation ou renonciation qu'il contient.

§ 2. — CONDITIONS DE PUBLICITÉ.

80. Après avoir introduit dans la théorie de la subrogation à l'hypothèque légale l'innovation de l'authenticité, le législateur comprit qu'il devait encore modifier l'état de ce contrat sous un autre rapport, et ajouter une garantie bien plus précieuse, non plus dans l'intérêt de la femme, mais au contraire dans l'intérêt des créanciers subrogés. Certains auteurs, persuadés que la cession de l'hypothèque légale ne peut être d'aucune utilité sans la cession de la créance elle-même, que le créancier subrogé ne peut pas se dire cessionnaire de l'hypothèque à l'égard des tiers, sans établir en même temps qu'il est cessionnaire de la créance hypothécaire, en avaient conclu que la subrogation n'était pas valable si l'on n'avait pas rempli les conditions et formalités exigées par l'article 1690 sur la transmission des créances, pour saisir le cessionnaire de ces créances à l'égard

des tiers ; ils exigeaient donc que la subrogation fût signifiée au mari ou acceptée par lui dans un acte authentique, pour qu'elle fût opposable aux tiers. Mais la jurisprudence, approuvée par l'opinion de la majorité des auteurs, n'a jamais adopté cette exigence, et a toujours décidé que l'article 1690 ne devait pas s'appliquer à la cession de l'hypothèque légale ; cette solution s'appuie, en théorie, sur ce motif que l'hypothèque, droit purement pécuniaire, se transfère par la seule convention des parties, sans aucune formalité ; en pratique, sur cette considération manifeste que le mari, autorisant sa femme à subroger, connaît nécessairement et accepte la subrogation.

81. Cette jurisprudence ne pouvait être et n'a été l'objet d'aucune observation, d'aucune critique, lors de l'enquête de 1849, ni lors de la discussion des projets. Dès lors, la subrogation, affranchie de toutes formalités, était opposable aux tiers, du jour où l'acte qui la contenait avait acquis date certaine ; dans le cas où la femme avait consenti plusieurs subrogations successives à son hypothèque légale, les subrogés étaient colloqués suivant les dates certaines des actes de subrogation : la femme, s'étant éventuellement dépouillée de ses droits hypothécaires par la première subrogation, ne pouvait transférer dans la suite plus de droits qu'elle n'en avait elle-même. On voit facilement quels effets désastreux la clandestinité des subrogations entraînait pour les créanciers ; rien ne manifestait aux yeux des tiers l'existence des subrogations déjà consenties par la femme. En effet, au moment du contrat, la femme, pour inspirer de la confiance aux prêteurs et aux acquéreurs, pour les engager à prêter leurs fonds au mari ou à lui payer le prix de leur acquisition, se gardait bien de leur révéler les subrogations qu'elle avait antérieurement consenties, les subrogeait à ses droits hypothécaires comme si elle les avait conservés intacts. C'était à chaque instant des surprises désagréables pour les créanciers ou acquéreurs qui avaient eu confiance dans la loyauté de la femme, et ne trouvaient souvent qu'une fâcheuse illusion à la place du gage qu'ils avaient cru s'assurer. La jurisprudence avait admis que les subrogés à l'hypo-

thèque acquéraient cette hypothèque telle qu'elle était entre les mains de la femme, c'est-à-dire dispensée de l'inscription par la loi.

82. Ces inconvénients, cependant, n'avaient échappé à personne, et on demandait avec instance que ceux à qui était transmis le bénéfice de la subrogation fussent tenus de faire inscrire l'hypothèque en leur nom, ou de mentionner la cession sur le registre des hypothèques, sous peine de ne pouvoir l'opposer aux tiers de bonne foi qui auraient traité avec la femme; en effet, disait-on, les raisons qui ont fait dispenser d'inscription l'hypothèque légale de la femme, n'existent plus pour les cessionnaires de l'hypothèque, qui ne sont en rien soumis à l'influence du mari. Le projet de réforme hypothécaire soumis à l'Assemblée, en 1849, disait aussi : « Les cessionnaires de l'hypothèque légale n'en seront saisis que par la mention qui sera faite de la cession en marge de l'inscription. » Enfin est venue la loi de 1855, dont le premier soin fut d'exiger la publicité de la subrogation, après en avoir exigé l'authenticité : « Les cessionnaires ne seront saisis de l'hypothèque légale à l'égard des tiers que par l'inscription de cette hypothèque prise à leur profit, ou par mention de la subrogation en marge de l'inscription préexistante. — Les dates des inscriptions ou mentions déterminent l'ordre dans lequel ceux qui ont obtenu des cessions ou renonciations exercent les droits hypothécaires de la femme. » L'inscription de l'hypothèque légale, voilà la seule condition exigée pour la publicité de la subrogation; il est bien clair que la loi a consacré l'opinion des auteurs et de la jurisprudence, sur la dispense des formalités de l'article 1690; cette solution résulte, sans contredit, des termes et de l'esprit de la loi, des circonstances dans lesquelles elle est intervenue, et n'est plus mise en doute aujourd'hui.

83. La nouvelle règle introduite par la loi de 1855, si excellente dans son principe, si simple et si claire en apparence, a soulevé, précisément à cause de sa simplicité, à cause du laconisme de la disposition législative, de bien nombreuses difficultés. Le but de l'article 9 a été de permettre aux tiers à qui la femme

offre une subrogation ou une renonciation à son hypothèque légale, de se renseigner sur la portée des actes qu'elle peut avoir antérieurement consentis relativement à son hypothèque et des droits qu'elle a conservés. Ce que veut la loi de 1855, c'est que le tiers, en demandant au conservateur des hypothèques un état des inscriptions existant sur les biens du mari, puisse, grâce à cet état, se rendre compte de la situation dans laquelle se trouve l'hypothèque de la femme. Comment doit s'opérer la publicité de la convention relative à l'hypothèque légale? Deux situations différentes peuvent se présenter : ou l'hypothèque de la femme n'a pas été inscrite, le subrogé en requerra l'inscription à son profit; ou bien l'hypothèque légale a été inscrite, le subrogé n'aura plus qu'à faire mention de la subrogation en marge de l'inscription.

A. *L'hypothèque de la femme n'est pas inscrite.*

84. Le projet de 1849 indiquait deux moyens de rendre publique la cession de l'hypothèque légale : « Si l'inscription de l'hypothèque légale n'existe pas, le bénéficiaire n'est saisi à l'égard des tiers que par l'énonciation du droit qu'il tient de la femme, soit dans l'inscription de sa propre créance contre le mari, soit dans une inscription spéciale. » Les termes de l'article 9 ne consacrent pas cette faculté pour le tiers, d'inscrire, soit l'hypothèque légale, soit la mention de subrogation dans l'inscription déjà prise par lui; l'article dit seulement : « l'inscription de l'hypothèque légale prise au profit des subrogés; » de là une première controverse. Si le subrogé est un créancier chirographaire du mari, il n'a évidemment qu'une chose à faire, c'est de requérir l'inscription de l'hypothèque légale à son profit. Mais s'il a tout à la fois obtenu une cession de l'hypothèque légale et une hypothèque conventionnelle du mari, devra-t-il requérir deux inscriptions distinctes : une pour l'hypothèque légale, une pour l'hypothèque conventionnelle, ou lui suffira-t-il de faire une seule inscription de l'hypothèque conventionnelle, dans laquelle il fera mention de la subrogation qui lui a été consentie? Un bien vif débat s'est élevé à ce sujet entre MM. P. Pont et Mourlon, à

propos d'un arrêt de la Cour de cassation, rendu en 1856.

85. M. P. Pont soutient que la seule inscription de l'hypothèque conventionnelle, contenant mention de la subrogation à l'hypothèque légale, remplira le but de la loi, qui a tacitement accepté le projet de 1849 ; que la publicité est ainsi complète, car on ne pourra consulter les registres hypothécaires sans être averti de la subrogation. Voilà les raisons qu'il donne à l'appui de son opinion : l'hypothèque légale n'étant presque jamais inscrite, on a, dans le principe, requis mention de la subrogation, non pas en marge d'une inscription préexistante, mais dans l'inscription de l'hypothèque accordée. Cette mention de la subrogation était prise comme remplaçant l'inscription de l'hypothèque légale elle-même, et les créances protégées par cette hypothèque étaient considérées comme inscrites dans la mesure des droits du subrogé. Le créancier, disait-on, qui a pour garantie une hypothèque conventionnelle et une subrogation dans l'hypothèque légale de la femme, satisfait à toutes les conditions de publicité lorsqu'il comprend les deux hypothèques dans la même inscription, et se borne à requérir, pour l'hypothèque légale, mention de la subrogation sur les registres du conservateur. Voilà les données de la pratique, et cette autorité, toujours grave, semblait particulièrement ici devoir être tout à fait décisive, car la clause elle-même, la stipulation de subrogation à l'hypothèque légale, est exclusivement l'œuvre des praticiens. Aussi ce moyen de l'inscription collective, imaginé par la pratique, a-t-il été accepté et s'est-il maintenu longtemps dans la tradition, sans que l'idée soit venue à personne de prétendre qu'il était insuffisant au point de vue de la publicité des droits concédés au créancier subrogé.

86. La jurisprudence avait confirmé la pratique, et un arrêt de la Chambre des requêtes a jugé, le 13 novembre 1854, que l'inscription particulière de l'hypothèque de la femme par l'un des créanciers subrogés, ne donne à ce créancier aucun droit de préférence sur les autres, lorsque déjà l'inscription de cette hypothèque légale avait été révélée par une inscription prise par

un autre créancier, de son hypothèque conventionnelle, avec
mention de la subrogation à l'hypothèque légale à lui consentie
par la femme. Un arrêt de la Chambre civile de la Cour de cassation, en date du 4 février 1856, a essayé de modifier cet état
de choses. Pourquoi? C'est que, dit l'arrêt, la simple mention de
la subrogation dans l'inscription de l'hypothèque conventionnelle,
ne présente pas toutes les conditions voulues par la loi pour
l'inscription de l'hypothèque légale, et n'équivaut pas à cette inscription; la Cour condamne donc les inscriptions collectives, et
n'admet pas qu'un créancier ayant plusieurs hypothèques résultant d'un même titre, puisse rendre ces hypothèques publiques
par un seul bordereau, dans une même inscription,

87. Pour M. Pont, au contraire, la réquisition de mention de
la subrogation dans l'inscription de l'hypothèque conventionnelle n'est autre chose que la réquisition d'inscription elle-même
de l'hypothèque légale; on dit que la mention de subrogation
diffère de l'inscription de l'hypothèque légale ; par les termes;
en fait, c'est évident, mais en droit! la distinction est vraiment
puérile; par son objet, car le créancier demande la mention, non
pas de l'hypothèque légale, mais de la subrogation; non, car en
même temps que le subrogé est saisi d'une partie des droits de
la subrogeante, celle-ci, de son côté, est dessaisie de cette même
partie; ce n'est pas un droit nouveau qu'acquiert le subrogé,
c'est l'ancien droit, l'ancienne hypothèque, qui, sortie pour partie des mains de la subrogeante, passe aux mains du subrogé
pour devenir sa propriété; donc, lorsque le subrogé requiert la
mention ou l'inscription de ce droit, c'est l'hypothèque légale
elle-même qu'il rend publique, pour la partie qui lui a été transmise; la loi de 1855 a autorisé l'inscription séparée de la subrogation et consacré ce moyen de publicité que l'usage constant
avait introduit; par ses énonciations, la simple mention de la
subrogation ne présente pas toutes les conditions voulues par la
loi pour l'inscription de l'hypothèque légale elle-même.

88. Enfin, l'article 9 n'a pas reproduit les termes du projet
de 1849, sur l'alternative accordée au subrogé d'énoncer le droit

qu'il tient de la femme, soit dans l'inscription de sa propre créance, soit dans une inscription spéciale; mais il est évident, pour qui veut voir dans cette disposition autre chose que ses expressions littérales, qu'il a tacitement consacré cette idée, qu'il parle seulement de l'effet, non du mode de cette inscription : l'objet même de l'article 9, les précédents dans lesquels il a été incontestablement puisé, là comparaison de l'état ancien des choses avec celui qu'il crée, sont autant d'éléments dans l'intérêt de cette solution; la publicité, quelle qu'elle soit, suffit; qu'elle résulte d'une mention dans l'hypothèque déjà inscrite, ou dans une inscription séparée de l'hypothèque légale, peu importe (1).

89. De son côte, M. Mourlon soutient que la loi exige deux inscriptions distinctes : une pour l'hypothèque conventionnelle, une pour l'hypothèque légale. « Vous allez, dit M. Pont, jeter la perturbation dans le monde des affaires; combien de subrogés, confiants dans l'usage reçu, ont placé leurs droits sous sa sauvegarde; si les anciennes pratiques sont abandonnées et jugées défectueuses, tous ces droits n'auront plus désormais qu'une existence incertaine et précaire, déchus qu'ils seront de leur rang sur le gage qui leur avait été directement affecté. » Non, lui est-il répondu, les affaires ne souffriront pas, la loi de 1855 ne régit que les subrogations consenties depuis le 1er janvier 1856; tous les contrats antérieurs échappent à la loi nouvelle, puisque, d'après l'article 11, cette loi n'est pas applicable aux actes ayant acquis date certaine avant le 1er janvier 1856. En cas d'aliénation des biens qui leur ont été hypothéqués, en cas de purge de la part des acquéreurs, qu'ils fassent inscrire l'hypothèque de la femme principalement, s'ils ne l'ont déjà fait, et ils n'auront aucun danger à courir. Et lors même que ce trouble dans les affaires serait constant, lors même qu'en rétablissant la règle méconnue jusqu'à ce jour, on compromettrait des droits nombreux, ne faudrait-il pas la maintenir coûte que coûte?

(1) P. Pont, *Revue critique de législation*, t. IX, p. 101.

Lorsque la coutume, au lieu de se conformer à la loi, s'en écarte, l'interprète et le juge l'y doivent ramener, c'est leur devoir, car si le passé est respectable, l'avenir l'est encore plus, puisqu'il est plus long (1).

90. La pratique et l'ancienne jurisprudence avaient adopté des principes qui semblent aujourd'hui contraires à la loi ; qu'ils soient oubliés si la loi les condamne ; nous n'avons qu'une question à nous adresser : quelle est la véritable pensée du législateur ? L'article 9 est assez clair et précis : l'hypothèque cédée est restée occulte, un seul mode de publicité est possible : l'inscription. Quelle inscription ? Est-ce une mention de la subrogation cachée dans l'inscription de l'hypothèque conventionnelle ; où n'est-ce pas plutôt une inscription principale de l'hypothèque légale prise au profit du subrogé ? M. Pont veut voir, dans l'article, autre chose que son expression littérale, il torture les expressions pour y découvrir un autre sens que celui qu'il paraît avoir ; mais c'est déjà quelque chose que d'avoir pour soi les termes de la loi et de lui donner le sens qu'elle paraît avoir ; il faut même s'y tenir, quand il n'est pas clairement démontré que la rédaction de la loi en a faussé l'esprit.

91. Aucun texte de loi n'a prohibé expressément les inscriptions collectives, mais aucun texte ne les a permises ; on oppose l'article 2148, qui exige la représentation de deux bordereaux pour faire opérer l'inscription, et reconnaît par là au créancier la faculté de requérir des inscriptions collectives par un bordereau également collectif, de décrire cumulativement des hypothèques distinctes dans une inscription commune, puisque le titre peut être complexe, contenir des droits divers d'hypothèque ; et que l'article 2148 ne distingue pas entre ce cas et celui où le titre serait propre à un seul créancier, et ne créerait qu'une créance. — Mais l'article 2148 suppose toujours un seul créancier, il n'emploie que les expressions : « le créancier, du créancier, l'inscrivant ; » nulle part il n'est question des créanciers. — De

(1) Mourlon, *Transcr.*, II, nos 1020 à 1031; *Rev. pratique*, II, p. 498.

plus, le même créancier ne peut comprendre des hypothèques distinctes collectivement dans une seule inscription; l'article 2148 ne parle partout que de l'inscription d'une hypothèque unique.

92. Il est évident, du reste, que l'article 9 de la loi de 1855 rejette formellement la mention de la subrogation dans l'inscription de l'hypothèque conventionnelle; le projet de 1851 disait que la cession de l'hypothèque légale pourrait être portée à la connaissance des tiers par l'énonciation de ce droit, soit dans l'inscription de la créance contre le mari, soit dans une inscription spéciale. On dit que si l'article 9 ne reproduit pas littéralement cette rédaction, c'est au moins la pensée même qu'il a voulu reproduire; comment ! dans un projet deux moyens sont indiqués; dans le texte de la loi, un seul moyen subsiste, l'autre est complétement supprimé, et on vient dire que cette suppression n'est pas suffisamment démonstrative, que la loi a reproduit la pensée du projet ! c'est absolument comme lorsqu'on soutient que par ces mots : « la subrogation doit être faite par acte authentique, » la loi a voulu dire : la subrogation peut être faite par acte sous seing privé. Que résulte-t-il de là ? C'est que l'article 2148 du Code civil, l'article 9 de la loi de 1855, sont complétement contraires à l'opinion de M. Pont. Et l'esprit général de notre droit, la nature du but auquel sont préposées les inscriptions, n'y sont-ils pas également opposés ? Évidemment si : l''inscription ne doit rien laisser dans l'ombre, les indications qu'elle fournit doivent être tellement claires, que les parties qui s'y renseignent jugent par leurs propres lumières, et sans effort, la position exacte du propriétaire avec lequel elles se mettent en rapport de droit; l'inscription est ennemie de toute complication. Croit-on, après cela, qu'une simple mention de la subrogation enfouie dans une inscription d'hypothèque spéciale remplira suffisamment le but de la loi ? Non, le cessionnaire d'une hypothèque légale non inscrite doit la faire inscrire à son profit.

93. La jurisprudence de la Cour de cassation a donné raison à M. Pont jusqu'en 1856, et lui a donné tort depuis cette époque;

elle a refusé d'admettre que la simple mention de la subrogation
dans l'inscription de l'hypothèque conventionnelle équivaudrait à
l'inscription de l'hypothèque légale et pourrait en tenir lieu.
« L'inscription de l'hypothèque légale, dit l'arrêt, est soumise à
des formalités substantielles prescrites par l'article 2153 du Code
civil; la simple mention de subrogation dans cette hypothèque
accessoirement à l'inscription d'une hypothèque conventionnelle,
ne présentant pas toutes les conditions voulues par la loi pour
l'inscription de l'hypothèque légale, elle-même ne saurait équi-
poller à cette inscription et la remplacer (1). » — « L'énonciation de la subrogation à l'hypothèque légale, dit l'arrêt de 1863,
ne contenant qu'une simple mention et non une véritable inscription, ne révélant pas aux tiers la situation réelle des choses,
ne saurait remplir le vœu de la loi, ni équivaloir à l'inscription
de l'hypothèque légale soumise aux prescriptions des articles
2153 et suivants du Code civil. » La jurisprudence est donc bien
fixée à cet égard; qu'exige-t-elle donc? Il n'est pas indispensable,
ont dit les Cours d'Orléans et de Dijon, que les deux hypothèques
soient inscrites séparément, l'inscription de l'hypothèque légale
peut être prise cumulativement avec celle de l'hypothèque conventionnelle, et sera suffisante en ce qui concerne la première,
si elle contient les énonciations requises par l'article 2153 (2).
Le système des Cours pouvait être admis avant la loi de 1855;
pour nous, il n'est plus admissible aujourd'hui; nous voulons,
tout à la fois, comme M. Mourlon, l'application de l'article 2153
du Code civil et celle de l'article 0; d'après le système de la Cour
de cassation, il faut employer le meilleur moyen pour révéler aux
tiers l'état des choses. Ces articles veulent que l'hypothèque
légale de la femme soit inscrite principalement au profit du subrogé; donc deux inscriptions distinctes : de l'hypothèque conventionnelle, de l'hypothèque légale avec mention de la subrogation;
pas de confusion, de la lumière; les inscriptions des hypothèques sont assez obscures pour qu'on n'aille pas encore à plaisir

---

(1) Cass., Sirey, 1850-1, 225; 1860-1, 223; 1863-1, 480.
(2) A. R., § 288 bis, n° 23. — Sirey, 1857-2, 200; 1850-2, 300.

en rendre la lecture et l'intelligence plus difficiles ; du reste, on ne peut avoir tort lorsqu'on a la loi pour soi.

94. Le cessionnaire de l'hypothèque légale, nanti d'une hypothèque conventionnelle, a donc deux inscriptions à prendre ; faut-il en conclure, comme le dit M. Mourlon, qu'il doit présenter au conservateur deux bordereaux en double minute ? Dans notre opinion, un seul bordereau, dans lequel le conservateur trouvera les deux inscriptions préparées comme il les trouverait dans deux bordereaux indépendants l'un de l'autre, sera très-suffisant. Mais il faudra que chaque inscription considérée séparément soit complète par elle-même, sans qu'il y ait besoin de recourir de l'une à l'autre pour les parfaire : le conservateur ne doit rien avoir à changer à la rédaction, il pourrait se refuser à le faire. Mais il s'agit d'une simple séparation matérielle à opérer sur son registre, il n'y a de sa part aucune confusion possible, et nous ne doutons pas que le conservateur, requis par les parties de prendre deux inscriptions distinctes, soit tenu d'obtempérer à ce désir, bien qu'il ne lui soit présenté qu'un seul bordereau. C'est ce qui a lieu en pratique : le créancier hypothécaire du mari qui a obtenu une subrogation à l'hypothèque légale présente au conservateur un seul bordereau contenant à la fois inscription de l'hypothèque légale au profit du subrogé, et inscription de sa propre hypothèque.

95. Il nous reste à parler d'une difficulté qui a aussi un bien grand intérêt pratique, et qui, à ce titre, a profondément ému tous ceux qui se sont occupés de la subrogation à l'hypothèque légale. L'hypothèque de la femme n'est pas inscrite, et un créancier subrogé l'a fait inscrire à son profit. Cette inscription profitera-t-elle à la femme, et conservera-t-elle l'hypothèque tant au profit de la femme que dans l'intérêt du subrogé ? en autres termes, l'inscription prise par le subrogé peut-elle être radiée, absolument et pour le tout, sur le consentement seul du subrogé ? Faut-il dire au contraire que sa radiation totale et absolue ne peut être effectuée que sur le double consentement du subrogé et de la subrogeante ? L'intérêt pratique de cette question est

considérable, non-seulement au point de vue de l'exécution des formalités de l'article 9, mais encore au point de vue de la conservation au profit de la femme de ses droits hypothécaires. Ainsi, aux termes de l'article 2195 du Code civil, le droit de suite ou de surenchère attaché à l'hypothèque légale est subordonné à l'existence de l'inscription, conformément aux articles 717 et 772 du Code de procédure, modifiés par la loi du 21 mai 1858; et aux termes de l'article 8 de la loi de 1855, l'hypothèque légale non inscrite dans l'année qui suit la dissolution du mariage ne date à l'égard des tiers que du jour de l'inscription qui en est prise ultérieurement.

96. La question s'est présentée dans les conditions suivantes : le subrogé ayant reçu son paiement, donna mainlevée de l'inscription qu'il avait prise; le conservateur constata cette mainlevée, et donna un certificat de la radiation, mais en réservant expressément les effets de l'inscription en faveur de la femme. La Cour d'Amiens, appelée à se prononcer, ratifia la conduite du conservateur; la Cour de cassation, sur le pourvoi, confirma l'arrêt de la cour d'Amiens (1). Leur décision était fondée sur les articles 2136, 2137 et 2138, aux termes desquels l'inscription doit être prise par le mari, et à son défaut par les parents de la femme, et par le procureur de la République. Se peut-il qu'après avoir montré une telle sollicitude pour la conservation des droits de la femme, la loi permette que l'inscription puisse être radiée sans le consentement et au préjudice de sa protégée? Elle veut, disaient les Cours, que l'hypothèque légale soit rendue publique. Le subrogé, par le fait même de la subrogation, a reçu mandat de la femme à l'effet d'opérer cette inscription; l'obligation dont est tenu le mari, aux termes de l'article 2136, le rend non recevable à en demander la radiation.

97. Cette doctrine repose sur des idées absolument fausses; la Cour de cassation l'a compris et est revenue sur sa première décision. Si la subrogeante a, dans l'acte de subrogation, donné

(1) Amiens, 31 mars 1857. — Cass., 2 juin 1858.

mandat exprés d'inscrire l'hypothèque en son nom, le subrogé pourra, sans aucun doute, formuler l'inscription par lui prise tant au nom de la femme qu'en son propre nom ; l'inscription sera alors générale, et conservera l'hypothèque légale au profit de la femme; elle ne pourra être radiée à l'égard de la femme sur la seule mainlevée du subrogé. Mais tout autre est l'espèce commune : le subrogé n'a reçu aucun mandat pour représenter la subrogeante, la femme a cédé son hypothèque sous condition dans la mesure des créances qui appartiennent au subrogé. Celui-ci déclare requérir à son profit ou en son nom personnel inscription de l'hypothèque légale contre le mari, sans exprimer qu'il agit en son nom personnel, mais sans annoncer non plus qu'il agit au nom de la femme. Il n'est donc pas son représentant, il n'a eu aucun mandat tacite ; l'inscription est tout entière sienne, et du moment où il en donne mainlevée, le conservateur doit la radier complétement.

98. Mais le subrogé a-t-il autorité pour requérir l'inscription au nom de la femme? Il faut distinguer : — *a*. Le subrogé n'a pas la femme pour débitrice : s'il n'est pas son parent, il ne peut alors, à aucun titre, faire inscrire l'hypothèque légale au nom de la femme, l'article 2139 s'y oppose; si cependant l'inscription a été prise dans ces conditions, la mari peut la faire radier sans le consentement de sa femme ; celle-ci n'a pas qualité pour ratifier l'acte illicite accompli au préjudice de son mari, elle ne peut que requérir une nouvelle inscription. — *b*. Le subrogé a la femme pour débitrice, il pourra, en vertu des articles 2092 et 1166 du Code civil, requérir l'inscription de l'hypothèque légale, et cette inscription profitera à la femme, car elle a pour but de conserver le droit hypothécaire à son profit; le subrogé, comme créancier de la femme, peut en effet exiger l'inscription ; alors le mari seul n'aura plus le droit de demander la radiation; il aura besoin du consentement de sa femme; mais ce consentement suffira, l'article 2144 n'étant pas ici applicable. — *c*. A plus forte raison lorsque l'acte de cession porte que le subrogé doit requérir l'inscription en son nom personnel seulement et uniquement

pour le besoin de la subrogation, le subrogé ne peut pas la requérir au nom de la subrogeante, il a renoncé à l'article 1166 du
Code civil. C'est le cas le plus fréquent. Il est évident qu'alors
l'inscription ne profite ni à la femme, ni aux autres créanciers
subrogés, qui ne pourraient, pour la conservation de leurs droits,
se contenter de faire mentionner la subrogation en marge de
cette inscription; le conservateur, en présence de la mainlevée
présentée par le subrogé, doit radier complétement l'inscription.

B. *L'hypothèque légale de la femme a été inscrite.*

99. « Le bénéficiaire d'une cession, subrogation ou renonciation, disait le projet de 1849, n'en sera saisi à l'égard des tiers
que par la mention de ladite cession, subrogation ou renonciation,
en marge de l'inscription de l'hypothèque légale, si elle a été
prise. » — « Les cessionnaires, dit l'article 9 de la loi de 1855,
ne sont saisis de l'hypothèque légale à l'égard des tiers que par
la mention de la subrogation en marge de l'inscription préexistante. » De même que M. Pont voit dans l'article 9 que la subrogation est suffisamment rendue publique par la mention de cette
subrogation dans l'inscription d'une hypothèque conventionnelle
consentie au subrogé; ainsi, pour le cas où l'hypothèque légale
est inscrite, il voit dans le même article 9 que le créancier subrogé a la faculté de choisir entre deux modes d'inscription : il
peut, dit-il, procéder par la voie d'une mention en marge de
l'inscription existante, ou, s'il le préfère, négligeant ce premier
moyen, prendre à son profit une inscription de l'hypothèque qui
lui a été transmise. On ne voit pas bien l'utilité d'accorder cette
faculté au subrogé; il semble plus simple et plus naturel de faire
mention de la subrogation en marge de l'inscription déjà prise,
que d'aller prendre une autre inscription de la même hypothèque.
Mais plaçons-nous seulement au point de vue légal.

100. « Les termes généraux de la loi nouvelle, dit M. Pont,
supposent cette faculté. » Oui, si l'on veut en effet voir dans la
loi autre chose que son expression littérale, mais il est évident
qu'il faut d'abord y voir ce qu'elle contient; or, elle dit formellement que le cessionnaire n'est saisi que par la mention de la su-

brogation en marge de l'inscription. Il faut, nous dit-on, laisser au subrogé la faculté de prendre une inscription directe à son profit, car il peut ignorer si l'hypothèque cédée est inscrite. Mais alors à quoi servent les inscriptions, si l'on est à bon droit libre de les connaître ou de les ignorer; et ne pourrait-on pas dire aussi avec autant de raison que le second subrogé pourra difficilement trouver l'inscription spéciale qui aurait été prise au profit du premier subrogé? L'inscription, ajoute M. Pont, peut être irrégulière : alors le droit du subrogé serait perdu s'il n'avait d'autre moyen de le conserver que celui de la mention. Il arrivera bien rarement que l'inscription de l'hypothèque légale soit assez incomplétement rédigée pour qu'elle doive être considérée comme nulle; en effet, la loi n'a pas prescrit à peine de nullité les nombreuses formalités qu'elle exige pour la constitution des inscriptions; et il est universellement admis que ces énonciations ne sont pas sacramentelles; qu'une inscription n'est pas viciée dans sa substance par cela seul qu'elle manque d'une formalité secondaire ou simplement précautionnelle; que la nullité n'est attachée qu'à l'inobservation des formes qui, tenant à la substance, sont par là même essentielles et indispensables; que les formalités qui tiennent à la substance sont uniquement celles dont l'absence peut blesser un intérêt que la publicité a pour objet de protéger. Si l'inscription est trop irrégulière, si elle est radicalement nulle, le subrogé non-seulement pourra, mais devra sans aucun doute, outre la mention en marge, prendre une inscription à son profit. L'objection de M. Pont tend alors à prouver que le système de la loi est dangereux au point d'ôter toute sécurité à ceux qui l'emploieraient.

101. De plus, ce mode de procéder, la mention marginale, est partout et toujours pratiqué par la loi. Il suffit de lire les articles 101, 958 du Code civil; les articles 693, 716, 748 du Code de procédure, et enfin l'article 4 de la loi de 1855 pour en être convaincu. Le législateur ne veut pas que, sur un registre, expression fidèle de la vérité, un acte qui a été modifié depuis son insertion soit laissé dans son état primitif, sans que rien

fasse soupçonner le changement. La loi a organisé une procédure commode, irréprochable en elle-même, pourquoi imaginer des formes nouvelles et jeter l'obscurité partout où elle a essayé de porter la lumière?

§ 3. — Que doit contenir l'inscription?

102. Examinons rapidement de quels éléments doit se composer l'inscription prise par le subrogé, quelles énonciations doivent y être faites. La loi de 1855 est muette à ce sujet, et les usages suivis dénotent l'incertitude et les perplexités de la pratique. — a. A quel bureau le subrogé doit-il publier son droit? Si la subrogation ne porte que sur l'hypothèque attachée à un immeuble déterminé, ce sera au bureau de la situation de cet immeuble. Si au contraire la subrogation est générale, ce qui est le cas le plus fréquent, ce sera dans chaque bureau des divers arrondissements où sont situés les immeubles du mari. Mais dans ce cas, il sera bien difficile au subrogé de s'inscrire le même jour dans les différents bureaux, peut-être que, dans l'intervalle d'une inscription à l'autre, un nouveau subrogé aura publié son droit. Il y a là un danger, et cependant il faut décider que sur chaque immeuble le subrogé ne prendra rang qu'à la date de son inscription au bureau de la situation. (2148 C. c. — 9 de la loi de 1855.)

103. b. L'inscription que prend le subrogé doit-elle contenir non-seulement les énonciations nécessaires pour constituer la publicité de la subrogation, mais encore toutes celles qui, d'après l'article 2153, forment l'inscription des hypothèques légales? Il faut distinguer : 1° si, par une clause de l'acte de subrogation ou par un acte postérieur, le subrogé a reçu mandat à l'effet de prendre inscription, tant dans l'intérêt de la femme que dans le sien propre, l'inscription devra être conforme à son double objet, et devra comprendre toutes les énonciations prescrites par l'article 2153 pour l'inscription de l'hypothèque, toutes les énonciations nécessaires à la publicité de la subrogation. Mais

de toutes ces énonciations bien peu sont prescrites à peine de
nullité. Les formalités substantielles sont seulement une désignation précise du débiteur hypothécaire de manière à éviter
toute confusion, la mention de la date, et une indication suffisante de la nature du titre en vertu duquel l'inscription est
prise; pour l'hypothèque légale, cette mention n'est pas nécessaire; enfin l'indication du montant de la créance hypothécaire;
pour l'hypothèque légale, cette indication n'est pas nécessaire;
l'époque de l'exigibilité ne peut pas non plus être indiquée.
Donc, seulement et rigoureusement : désignation exacte du mari,
indication qu'il s'agit de l'hypothèque légale d'une femme mariée, pour garantie des ses reprises, créances et droits matrimoniaux.

104. 2° Si au contraire le subrogé n'a reçu aucun mandat à
l'effet de prendre inscription pour la subrogeante, et s'il ne l'a
pas pour obligée personnelle, doit-il, en prenant inscription en
son nom seul, y comprendre les énonciations prescrites par l'article 2153? L'hypothèque à rendre publique est bien évidemment
celle de la femme, et il importe de connaître le droit dont l'inscrivant a un fragment, ou sur lequel il a au moins action (1);
mais cette inscription, nous l'avons montré, ne peut, en aucun
cas, profiter à la subrogeante; par conséquent on ne peut exiger
qu'elle contienne les clauses que l'article 2153 réclame dans
l'intérêt de la femme; il faut, et il suffit que les tiers soient
avertis d'une façon non douteuse; il faut donc, dans l'intérêt du
mari, simplement indiquer la nature, le montant et l'exigibilité
des créances qu'elle est exclusivement destinée à conserver, au
lieu d'énumérer les divers droits de la subrogeante et le montant
de leur valeur. L'inscription prise par le subrogé à son profit, si
l'hypothèque de la femme n'est pas encore inscrite, ou la mention qu'il devra faire en marge d'une inscription préexistante,
contiendra toutes les énonciations qui doivent y figurer du chef
du subrogé : 1° les nom, prénoms du subrogé, sa profession, l'in-

(1) Bertauld, *Subrog.*, p. 187.

dication de son domicile réel et de son domicile élu dans un lieu
du bureau; 2° les nom, prénoms et domicile de la subrogeante;
3° la date et la nature de l'acte de subrogation; 4° le montant
du capital des créances exprimées dans l'acte de subrogation, ou
évaluées par le requérant pour les droits indéterminés dans leur
quantum; 5° l'indication de l'immeuble sur lequel il entend conserver l'effet de la subrogation, quand elle a été limitée aux
droits de la subrogeante sur cet immeuble; 6° la nature des
droits garantis par l'hypothèque cédée, quand la subrogation a
été limitée à l'hypothèque garantissant certaines créances de la
femme.

105. c. Il n'est dû aucun droit pour l'inscription de l'hypothèque légale, tant que la société conjugale n'est pas dissoute, et
jusqu'à la liquidation des reprises de chacun. Le subrogé qui ne
fait qu'inscrire l'hypothèque de la femme ne paiera donc aucun
droit. La jurisprudence s'appuie pour en décider ainsi sur l'article 1 de la loi du 6 messidor an VII, ainsi conçu : « L'inscription
indéfinie qui a pour objet la conservation d'un simple droit
d'hypothèque éventuel, sans créance existante, n'est pas sujette
au droit proportionnel établi par les lois du 9 vendémiaire an VI
et 21 ventôse an VII. Si le droit éventuel qui a donné lieu à
l'inscription indéfinie se convertit en une créance réelle, le droit
proportionnel est dû sur le capital de la créance. » Or, durant
le mariage, toutes les créances de la femme, dit-on, doivent être
considérées comme éventuelles et indéterminées.

106. M. Mourlon a attaqué cette décision avec une grande
vigueur, et a su trouver pour la combattre d'excellentes
raisons (1). Il fait remarquer que le motif invoqué est inexact,
que les droits de la femme ne sont pas éventuels par cela seul
qu'ils peuvent s'éteindre avant le moment de la liquidation.
Ainsi l'hypothèque qui garantit la reprise des propres de la
femme couvre une créance actuellement certaine; il faudrait
donc soumettre l'inscription de cette hypothèque au droit fiscal

(1) Mourlon, *Tr.,* II, nos 1063 et suiv.

ordinaire, quand elle garantit des créances déterminées de la femme, ou des créances que la femme peut avoir contre son mari, sauf à distinguer les créances déjà nées des créances éventuelles. Il a certainement raison en pure théorie; mais il est aussi bien vrai que la femme non séparée de biens n'a contre son mari que des droits éventuels et incertains jusqu'à la liquidation, puisque, jusqu'à ce moment, elle est incapable d'agir, et qu'elle doit subir toutes les causes d'extinction de ses créances qui pourraient survenir. Il y a donc un grand avantage pratique à suivre les données de la jurisprudence et à dispenser du droit proportionnel les inscriptions de l'hypothèque légale jusqu'à la liquidation.

107. Le subrogé qui prendra à son profit l'inscription de cette hypothèque sera également dispensé du droit proportionnel, quand même l'inscription indiquerait la nature et le montant des droits que possède alors la femme, puisque pour le subrogé, l'hypothèque n'a pas plus de valeur et de stabilité que pour la femme. Si cependant il avait reçu en même temps une hypothèque conventionnelle du mari, il paiera le droit pour l'inscription de cette hypothèque; et il ne paiera que ce droit, car il est de principe, dans notre législation fiscale, qu'un même objet ne doit jamais être soumis à une double perception. (Art. 21 et 22, loi du 21 vent. an VII.)

§ 4. — A QUELS ACTES S'APPLIQUENT LES CONDITIONS D'AUTHENTICITÉ ET DE PUBLICITÉ PRESCRITES PAR LA LOI DE 1855?

108. A. *Conditions d'authenticité.* — Quels sont, d'après la loi de 1855, les actes relatifs aux subrogations et renonciations à l'hypothèque légale qui sont soumis à la condition de l'authenticité? Si l'on considère les termes de l'article 9 et que l'on cherche à en préciser la portée, on remarque qu'ils imposent d'une façon générale et fort impérative l'acte authentique à tous les contrats qui touchent à l'hypothèque légale. Mais on s'aperçoit bientôt que la trop grande concision de la loi donne naissance à

des difficultés d'une certaine importance pratique, et qu'il y aura sans doute désaccord entre ceux qui essaieront d'analyser ses intentions. « La cession ou la renonciation à l'hypothèque légale, dit l'article 9, doit être faite par acte authentique. » On convient facilement que les actes translatifs de l'hypothèque doivent être soumis à l'authenticité, quelle que soit la dénomination donnée au contrat, que la subrogation soit expresse ou tacite, que ce soit une cession d'hypothèque, de rang, de droits et reprises, ou une renonciation à l'hypothèque légale; que le cessionnaire soit un créancier ou un acquéreur d'immeubles du mari : du moment que l'acte est subrogatoire, il n'est valable que s'il est authentique.

109. Cependant on a dit que, lorsque la femme a déclaré céder ses droits et reprises, sa créance hypothécaire, il suffit d'un acte sous seing privé et d'une notification ou d'une acceptation par acte authentique (1); pour cette raison que, dans la cession de la créance, l'hypothèque n'est transmise que par voie de conséquence et comme accessoire du droit cédé; il n'y a pas là deux actes distincts, deux cessions différentes, mais un seul acte, une seule cession dont l'objet est la transmission de la créance; que c'est par l'objet principal d'une convention que se déterminent sa forme et ses solennités; le Code civil seul traite de la cession de créances, la loi de 1855 traite seulement de la cession d'hypothèque. Nous avons déjà fait justice de cette opinion que la loi de 1855 s'occupe uniquement de la cession d'hypothèque isolée de la créance; l'article 9 autorise cette cession, mais ne défend pas pour cela les autres, il n'a jamais voulu les soustraire aux formalités si précieuses exigées dans l'intérêt de tous; les projets de loi qui n'admettaient la cession d'hypothèque que comme conséquence de la cession de créance elle-même, disaient en même temps que la créance hypothécaire ne pourrait être cédée que par acte authentique. Il suffirait d'un acte sous seing privé et d'une notification ou acceptation s'il s'agissait d'une véritable cession-transport; mais on sait qu'il s'agit en réalité d'une ga-

(1) Rivière et Huguet, *Quest. sur la Transcr.*, nᵒˢ 393 et suiv.

rantie à donner au créancier par le moyen de la subrogation. La formule par laquelle la femme déclare céder ses droits et reprises à un créancier n'exprime qu'une simple idée de subrogation; cette formule n'a été mise en usage que pour terminer la controverse sur le point de savoir si l'hypothèque légale pouvait être cédée séparément de la créance. Que la femme cède son hypothèque, son rang ou sa créance, le danger est toujours le même, la protection de la loi lui est nécessaire. La loi a légitimé le contrat de cession d'hypothèque et lui a donné une forme précise; l'hypothèque est un droit abstrait, dont on ne comprend pas sur le champ l'utilité; une sûreté pour l'avenir, qui ne servira peut-être jamais; on n'hésite pas beaucoup à s'en dessaisir, on l'abandonne facilement pour un avantage présent qui paraît bien plus considérable; la loi ne veut pas qu'on puisse profiter d'une faiblesse et d'une erreur qui n'ont pas été combattues et conseillées (1).

110. Les actes par lesquels la femme abdique, éteint au profit d'un tiers son droit d'hypothèque, en un mot les renonciations abdicatives ou extinctives sont-elles soumises à la condition d'authenticité comme les renonciations transmissives? M. Mourlon ne le croit pas, il distingue entre les conventions translatives et les conventions extinctives de l'hypothèque légale; il pense que ces dernières sont soustraites à l'obligation qui pèse sur les premières, par cette raison que l'article 0 n'a trait qu'aux actes de subrogation ou de renonciation subrogatoire; que par conséquent l'acte ne contenant pas transmission de l'hypothèque pourra être valablement fait en quelque forme que ce soit. Cette distinction paraît difficile à admettre. Si l'on veut lire attentivement l'article 9, se bien pénétrer de la signification de ses termes si concis, mais si fermes, et se rappeler dans quelles circonstances, à quel propos il a été rédigé ainsi, l'esprit qui a présidé à sa rédaction, le but que l'on voulait atteindre, on voit bien vite

(1) Aubry et Rau, § 288 *bis*, n° 20; P. Pont, *Priv. et Hyp.*, 1, n° 400; Bertauld, *Subrog.*, n° 03.

que la pensée du législateur a été de soumettre à une règle unique, celle de l'authenticité, tout traité qui porte spécialement sur
l'hypothèque légale de la femme, qu'il s'agisse d'une véritable
subrogation, d'une renonciation tacite ou expresse, transmissive
ou extinctive, au profit d'un créancier ou d'un tiers acquéreur.
Il s'agit de l'hypothèque légale, d'une modification à faire subir à
son état actuel, la femme doit recevoir les conseils et le soutien
d'un officier public, éclairer son ignorance par ses lumières,
mettre sa faiblesse sous la protection d'une force que lui impose
la loi ; elle ne peut toucher seule, en quoi que ce soit, à son hypothèque légale ; pourquoi, du reste, ne serait-elle pas aussi
protégée quand elle éteint son hypothèque au profit d'un tiers,
que dans le cas où elle la lui transmet ?

111. B. *Conditions de publicité.* — Quels sont, d'après la loi
de 1855, les actes de subrogation ou renonciation à l'hypothèque
légale soumis à la condition de la publicité ? Ce que nous venons
de dire pour l'authenticité des subrogations et renonciations est
également applicable à la publicité. Les termes de l'article 9 sont
généraux et impératifs : « Les cessionnaires de l'hypothèque légale n'en seront saisis à l'égard des tiers que par l'inscription de
cette hypothèque prise à leur profit, ou par la mention de la subrogation en marge de l'inscription préexistante. On admet
généralement que les subrogations et renonciations transmissives
de l'hypothèque légale, soit au profit de créanciers, soit au profit
d'acquéreurs d'immeubles du mari, sont soumises aux conditions de publicité prescrites par la loi de 1855 ; cependant
quelques auteurs ont essayé de soutenir que l'acquéreur d'un
immeuble du mari subrogé à l'hypothèque légale conservait suffisamment le droit cédé par la transcription du titre contenant
le contrat de vente et la renonciation transmissive de l'hypothèque légale. Cette transcription, disent-ils, suffit à la publicité du
droit de l'acquéreur et de la subrogation, est de plus conforme
au vœu de la loi de 1855, qui veut seulement que la transmission d'hypothèques soit publiée de telle sorte que les tiers la
puissent connaître aisément.

112. Pourquoi, ajoute-t-on, l'énonciation de subrogation ou de renonciation à l'hypothèque légale dans un acte notarié et transcrit n'équivaut-elle pas à l'inscription de l'hypothèque prise au profit du cessionnaire, ou à la mention en marge de l'inscription? Toutes les fois que les tiers pourront avoir à se plaindre légitimement d'un défaut quelconque de publicité, ils pourront s'en prendre à ceux auxquels cette publicité a été imposée par le législateur de 1855; mais en sens inverse, ils ne pourront, dans leur intérêt, arguer de l'absence d'une formalité non substantielle, quand l'accomplissement de cette formalité n'aurait rien ajouté à la garantie très-suffisante que le nouveau législateur a entendu leur donner. Du reste, bien que, pour le règlement de l'ordre, l'acquéreur se présente en sous-ordre de la femme, il n'est pas créancier; ou alors il serait créancier de lui-même, ce qui implique une contradiction. Il est propriétaire, la situation fictive qu'il est obligé d'accepter jusqu'au règlement de l'ordre ne lui enlève pas ce caractère. Or, s'imagine-t-on cet acquéreur déchu de son droit pour n'avoir pas pris inscription sur son propre immeuble, comme si une personne pouvait avoir à la fois sur une même chose un droit de propriété et un droit d'hypothèque (1).

113. Deux mutations sont relatées dans l'acte de vente : la mutation de propriété de l'immeuble vendu, la mutation de l'hypothèque légale de la femme du vendeur; donc, dit-on, du moment que cet acte a été, par la voie de la transcription, porté à la connaissance des tiers, ceux-ci n'ignorent rien de ce qu'il leur importe de savoir. Oui, deux droits ont été transmis à l'acquéreur : la propriété, l'hypothèque; mais chaque transmission a sa publicité propre et particulière. (Art. 1 et 9 de la loi de 1855.) La transcription ne peut pas mettre suffisamment en lumière la subrogation qui ne s'y trouve relatée qu'accessoirement et comme perdue au milieu de clauses nombreuses qui l'obscurcissent. Ce n'est pas, après tout, le registre des trans-

(1) Note sur un arrêt de la Cour de Lyon rendu en 1863.

criptions que consultent les tiers, lorsqu'ils veulent connaître l'état hypothécaire d'un immeuble; ils consultent le registre des inscriptions. Ensuite, quand l'acquéreur d'un immeuble du mari exerce la subrogation sur le prix de l'immeuble dont il est devenu propriétaire, ce n'est pas à titre de propriétaire qu'il agit, mais seulement à titre de subrogé à l'hypothèque légale sur cet immeuble. Pour qu'il puisse invoquer à l'égard des tiers cette qualité de cessionnaire, il faut qu'il se soit conformé à la loi qui n'admet pour cela qu'un moyen : l'inscription de l'hypothèque ou la mention en marge de l'inscription suivant les cas ; s'il ne l'a pas fait, sur quoi peut-il appuyer sa prétention? La qualité de propriétaire d'un immeuble et celle de créancier hypothécaire n'ont rien d'incompatible; mais la personne qui est en même temps propriétaire et créancière peut être obligée de rendre public son droit d'hypothèque pour n'en être pas déchue. L'article 9 ne fait aucune distinction entre le cas où le cessionnaire de l'hypothèque est un acquéreur, et celui où il est un créancier; il exige toujours, pour que la cession soit opposable aux tiers, qu'elle soit mentionnée sur les registres que les tiers sont obligés de consulter pour connaître les modifications apportées à l'hypothèque légale de la femme.

114. Nous appliquerons la disposition de l'article 9, au point de vue de la publicité et de l'authenticité, à toute convention par laquelle la femme transporte à un tiers ses droits hypothécaires, que cette convention soit une subrogation proprement dite (1249 C. c.), une cession de créances hypothécaires (1692), une renonciation ou une subrogation à l'hypothèque légale. On a essayé de soutenir que l'article 9 ne s'occupait absolument que de la cession de l'hypothèque seule, et que le Code seul régissait la cession des créances hypothécaires et le paiement avec subrogation. Nous avons montré qu'il y avait là erreur, et en quoi elle consistait : l'article 9 gouverne tous les actes qui entraînent évidemment transmission de l'hypothèque légale; il y a même raison de décider dans tous les cas.

115. Mais les renonciations abdicatives ou extinctives de l'hypo-

thèque légale, sont-elles, comme les renonciations transmissives, soumises aux conditions de publicité prescrites par l'article 9 ? Nous avons vu que la renonciation expresse faite par la femme en faveur d'un créancier de son mari devait toujours être considérée comme transmissive de son hypothèque; la renonciation abdicative dans ce cas sera donc fort rare et devra être formellement exprimée ; la renonciation expresse faite par la femme au profit de l'acquéreur d'un immeuble de son mari, devra aussi, nous allons le montrer, être considérée comme translative de l'hypothèque; mais il se peut aussi que la femme ait voulu faire simplement une renonciation abdicative, ce qui ressortira des faits destinés à manifester son intention. Cette renonciation devra-t-elle être publiée conformément à l'article 9 ?

116. Et d'abord, quelle importance y a-t-il à prendre parti pour l'affirmative ou la négative ? Si cette condition n'est pas exigée, le droit de suite attaché à l'hypothèque légale se trouvera éteint au profit de l'acquéreur et ne pourra plus être utilement transmis par la femme au moment où l'acte contenant la renonciation aura acquis date certaine ; l'acquéreur n'aura plus alors à craindre de poursuites hypothécaires de la part des subrogés dont le droit n'aura pas été, avant cette date, porté à la connaissance des tiers ; en un mot, la date certaine tiendra complétement lieu de la transcription. Quand l'hypothèque de la femme existera seule sur l'immeuble, l'acquéreur le prendra libre d'hypothèques ; il pourra sans danger payer son prix d'acquisition entre les mains du mari. Ainsi, la renonciation sera opposable aux tiers, du jour où l'acte d'acquisition aura acquis date certaine, bien qu'il ne soit pas transcrit, puisque, d'après l'article 3 de la loi de 1855, la vente est opposable aux tiers qui n'ont pas acquis de droits réels sur l'immeuble vendu, ou qui ne les ont pas conservés en se conformant aux lois ; donc, non-seulement la femme ne pourra plus consentir aucune subrogation à son hypothèque, mais encore la subrogation qu'elle aurait consentie avant que l'acte de vente n'ait acquis date certaine, et qui n'aurait pas été inscrite, ne pourrait être opposée à l'acquéreur, qui ne doit pas être victime

de la négligence du subrogé. A ce moment, l'hypothèque légale sera éteinte au profit de l'acquéreur; nul ne pourra lui en opposer la cession.

117. Si, au contraire, la renonciation abdicative doit être portée à la connaissance des tiers, elle ne pourra leur être opposée tant qu'elle n'aura pas été inscrite. Les subrogations inscrites avant la renonciation profiteront, à son détriment, de l'hypothèque légale, et l'acquéreur ne pourra se soustraire à cet inconvénient que par la purge des hypothèques, s'il ne préfère mentionner son droit d'après l'article 9, en ayant soin de ne pas laisser périmer l'inscription. Ces deux moyens de conservation sont fort rigoureux : si l'acquéreur est obligé de purger, la renonciation dont il doit bénéficier lui sera complètement inutile; s'il est tenu de s'inscrire et qu'il laisse périmer l'inscription prise, ou même qu'il croie pouvoir se dispenser de la prendre, son opération lui causera un grave préjudice. La pratique lutte depuis longtemps pour tirer l'acquéreur d'embarras et le dispenser de ces formalités ennuyeuses, sinon dangereuses.

118. Ces conséquences étant connues, quel parti devons-nous prendre en présence de la loi? Les renonciations abdicatives, nous dit-on, ne sont pas soumises à la publicité, elles sont opposables aux tiers dès que l'acte de vente a date certaine. En effet, les cessionnaires de l'hypothèque ne sont saisis, à l'égard des tiers, que par l'inscription ou la mention en marge; or, le bénéficiaire d'une renonciation abdicative n'acquiert pas l'hypothèque qu'elle a pour objet, il n'en est pas cessionnaire, comment donc alors pourrait-il l'inscrire à son profit? Il n'est question dans l'article 9 que de renonciations opérant une véritable subrogation; ne dit-il pas que ceux qui ont obtenu des renonciations exercent les droits hypothécaires de la femme? Le bénéficiaire ne peut exercer l'hypothèque puisqu'elle est censée éteinte à son égard. De plus, l'acquéreur ne peut pas inscrire à son profit une hypothèque qui pour lui est réputée inexistante; quand l'hypothèque de la femme grève seule l'immeuble, la renonciation affranchit l'acquéreur du fardeau de la purge et n'a pas d'autre

objet. Du reste, la nécessité de l'inscription anéantirait tout à fait le but de la renonciation, puisque, dans la crainte d'oublier le renouvellement de l'inscription, l'acquéreur préférerait toujours la certitude de la purge (1).

119. Un auteur soutient que la purge de l'hypothèque est complète par la renonciation même; dès que l'acte de vente contenant la renonciation a été transcrit, l'acquéreur n'a plus rien à craindre des subrogations consenties postérieurement par la femme; les tiers sont suffisamment avertis par le registre des transcriptions (2).

120. Nous ne pouvons admettre de semblables opinions. La publicité est tout aussi nécessaire pour les renonciations abdicatives que pour les renonciations transmissives; elles doivent être rendues publiques et ne deviennent opposables aux tiers que le jour où elles sont mentionnées sur les registres des hypothèques. En effet, le texte de l'article 9 est général et régit toute renonciation à l'hypothèque légale. On ne trouve rien, ni dans les travaux préparatoires de la loi de 1855, ni dans l'article 9, qui permette d'affranchir de la publicité telle ou telle espèce de renonciation. Et si les termes ne sont pas formels et précis, ne faut-il pas tenir compte de leur signification apparente et de l'esprit de la loi, du but qu'elle a voulu atteindre? La loi veut que les tiers puissent facilement se renseigner, en consultant les registres des inscriptions, sur la véritable situation de l'hypothèque légale de la femme, sur tous les actes qui lui ont fait subir une modification quelconque. Les tiers seront-ils avertis par un silence obstiné? Les créanciers qui recevraient une subrogation de la femme ne seront-ils pas trompés par le défaut de mention sur les registres; le législateur a-t-il pu avoir un tel désir, a-t-il envisagé de semblables conséquences, et n'est-ce pas mieux le comprendre que lui supposer une intention tout à fait contraire?

121. On ne peut pas, dit-on, inscrire l'hypothèque légale

(1) Mourlon, *Transcr.*, II, n°s 1105 et 1106.
(2) Pont, *Priv. et Hyp.*, I, n° 486.

puisqu'elle est éteinte. Ce serait vrai si la renonciation avait pour effet d'effacer absolument cette hypothèque, de l'éteindre *erga omnes;* mais cette renonciation ne porte pas sur les créances de la femme, elle ne porte que sur l'hypothèque dont un immeuble du mari était grevé à raison de ces créances. L'acquéreur en faveur de qui la femme a renoncé à son hypothèque a voulu qu'elle n'eût pas d'hypothèque légale à exercer sur l'immeuble à son détriment, et qu'il fût lui-même mis en son lieu et place quant à cette hypothèque en tant que de besoin. Une telle renonciation est translative en ce qu'elle implique subrogation de celui au profit de qui elle intervient, dans les droits de la subrogeante. Outre son effet translatif au profit de l'acquéreur et à l'égard des tiers des droits de la femme, la renonciation a un effet extinctif entre elle et l'acquéreur seulement, contre lequel la femme est empêchée par la renonciation d'exercer les droits attachés à l'hypothèque légale (1). L'acquéreur ne reçoit pas d'action hypothécaire, mais il reçoit un droit d'exception qu'il pourra opposer aux tiers; les tiers doivent être prévenus afin que la femme ne puisse leur céder une hypothèque paralysée par une exception. Ne peut-il pas, si l'hypothèque légale est inscrite, mentionner en marge la renonciation consentie, et si elle n'est pas inscrite, la faire inscrire pour opérer ensuite cette mention? C'est ainsi que dans la loi de 1855, on voit que les renonciations à un droit d'usufruit, d'antichrèse ou de servitude, doivent être rendues publiques pour être opposables aux tiers. Faudra-t-il pour cela décider que toutes les causes d'extinction de l'hypothèque légale seront soumises au régime de la publicité? C'est inadmissible. La loi ne s'occupe pas des causes d'extinction résultant des relations de la femme avec son mari, mais seulement de celles qui proviennent des relations de la femme avec les tiers.

122. Pour M. Pont, la renonciation abdicative a les effets d'une purge d'hypothèques, et ne doit pas plus que la purge

---

(1) Note sur l'arrêt de cass. de 1866, par M. Moreau, conseiller à la Cour de Paris.

être soumise à la publicité. Mais la purge peut avoir pour effet de faire radier l'hypothèque légale; elle est toujours, du reste, environnée d'une grande publicité qui protège les droits des tiers. Tandis que l'extinction résultant d'une renonciation abdicative s'opère dans l'ombre, sans la moindre publicité, et l'on ne peut la comparer à celle qui résulte de la purge. Les auteurs et la jurisprudence sont tout à fait d'accord pour exiger la publicité. « L'extinction définitive, absolue, s'inscrit afin que la mort ne se déguise pas sous l'apparence de la vie, afin que la femme, en un mot, ne trafique pas de ce qu'elle n'a plus (1). » Le mode de publicité dont l'article 9 détermine la forme et l'efficacité comme étant le seul propre à avertir les tiers des cessions ou renonciations pour lesquelles la femme aurait disposé de son hypothèque légale, et à régler l'ordre dans lequel ceux qui ont obtenu des renonciations ou cessions exercent les droits hypothécaires de la femme, ne saurait être utilement suppléé par un autre mode ayant un tout autre objet, et spécialement par la transcription du contrat de vente où la femme intervenante aurait déclaré se désister, au profit de l'acquéreur, de son hypothèque sur l'immeuble vendu (2). Nous en dirons autant des renonciations abdicatives au profit des créanciers du mari : elles ne seront opposables aux tiers que du jour où elles auront été mentionnées en marge de l'inscription de l'hypothèque légale, d'après la loi de 1855.

§ 5. — Des effets de la publicité.

123. Nous avons, dans les explications qui précèdent, donné une idée des effets de la publicité exigée pour la subrogation par la loi de 1855; en résumé :

1° Elle rend la subrogation opposable aux tiers. Le contrat de subrogation ne serait pas opposable à la femme s'il n'était fait dans la forme authentique, car l'authenticité est exigée dans

(1) Bertauld, *Subrog.*, n° 93; — Aubry et Rau, § 288 *bis*, n° 18.
(2) Lyon, 1863; — Dalloz, 1864, 2, 193; — Cass., 29 août 1866; S. 1867, 1, 9.

son intérêt ; au contraire, la subrogation lui serait opposable, produirait tous ses effets contre elle par la seule convention, lors même qu'elle ne serait pas rendue publique, puisque la publicité n'est pas exigée dans l'intérêt de la femme. Il en est autrement à l'égard des tiers ; pour ceux-ci, la subrogation n'existe que par l'inscription. Mais quels sont ces tiers ? Quant aux créanciers qui se sont fait subroger postérieurement, il n'y a pas d'hésitation possible, il est bien certain que la subrogation ne peut leur être opposée que s'ils ont été mis à même de la connaître. Mais faut-il dire aussi que tous ceux qui auraient intérêt à connaître la subrogation peuvent opposer le défaut de publicité ? Nous répondrons d'une façon affirmative : l'article 9 est général : jusqu'à ce que la subrogation ait été rendue publique, l'hypothèque légale est restée dans le patrimoine de la femme à l'égard des tiers ; tous ceux qui ne sont pas avertis par l'inscription peuvent, à bon droit, compter sur les droits de la femme, les créanciers chirographaires ont le droit d'opposer la clandestinité de la subrogation. Cette solution est conforme aux principes généraux de notre droit ; on a essayé de la contester en établissant que l'art. 2134 n'est pas applicable aux créanciers chirographaires qui n'ont, d'après l'article 1166, que les droits de leur auteur. La jurisprudence et la doctrine ont reconnu avec raison que la publicité était une condition essentielle de l'exercice de la subrogation, celui qui aurait négligé de se conformer à la loi ne peut se prévaloir contre personne autre que la femme du droit transmis. Il en est ainsi pour le droit de gage, dont la transmission exige des formalités bien plus nombreuses que la transmission de la propriété; en général, du reste, la loi exige, pour la transmission des droits de préférence des conditions de forme et de publicité dans l'intérêt des tiers plus sérieuses que pour la transmission de la propriété. En effet, la loi de 1855 restreint, dans l'article 3, la portée du mot *tiers* par cette explication : « les droits des tiers qu'ils ont conservés en se conformant aux lois; » dans l'article 9, au contraire, cette expression est prise dans son sens tout à fait général, sans aucune restriction.

2° Elle fixe le rang des subrogés entre eux. C'est ce que dit formellement l'article 9, *in fine*, dont nous avons rapporté le texte; mais si plusieurs cessionnaires de l'hypothèque légale se faisaient inscrire le même jour, l'article 2147 leur serait-il applicable, concourraient-ils ensemble ou devrait-on tenir compte entre eux de l'heure de l'inscription? Nous pensons, contrairement à l'opinion de M. Mourlon, que l'article 2147 est parfaitement applicable à notre matière; cet article, dit-il, est une exception au principe: *prior tempore potior jure,* or les exceptions ne doivent pas être étendues. Mais ce principe n'est écrit nulle part dans la loi; la règle posée dans l'article 2147 est, non pas une exception, mais la règle générale; il n'y a pas de distinctions à faire entre ces différentes situations, et nous ne comprenons pas pourquoi cette disposition si sage ne serait pas appliquée à notre matière. M. Mourlon refuse aussi d'appliquer à la cession de l'hypothèque l'article 2151, parce que cette disposition est une règle dérogatoire au principe: *accessorium sequitur principale,* et que les exceptions ne doivent pas être étendues. La jurisprudence refuse bien d'étendre l'article 2151 aux priviléges, et avec raison, car cet article ne parle que des inscriptions hypothécaires; mais en soumettant à cet article les inscriptions des subrogations, on n'en étend pas la portée, puisque ce sont des inscriptions hypothécaires; les articles 2147, 2148, 2151, s'appliquent tous par analogie à l'inscription de la subrogation.

La loi ne concerne que les cessions et renonciations consenties par une femme mariée ou veuve; mais les mêmes actes faits par un créancier privilégié ou hypothécaire ne sont pas compris dans la pensée de la loi; les subrogations aux hypothèques conventionnelles peuvent donc être faites par acte sous seing privé, et sont opposables aux tiers lors même qu'elles n'ont pas été publiées.

CHAPITRE III.

Des effets de la subrogation à l'hypothèque légale de la femme mariée.

————

Nous arrivons à la partie la plus intéressante et la plus importante de notre travail : la détermination des effets que peut et
doit produire la subrogation ou renonciation à l'hypothèque légale, sous quelque forme qu'elle se présente. Les questions qui
se rattachent à cette idée des effets de la subrogation sont nombreuses et presque toutes controversées ; il est nécessaire de
prendre parti sur chacune d'elles et de légitimer, par de bonnes
raisons, l'opinion que l'on croit devoir adopter.

§ 1. — SUBROGATION PROPREMENT DITE.

124. Nous avons eu souvent l'occasion de faire remarquer
dans le cours de cette étude qu'il y avait peu d'intérêt pratique à
distinguer entre la cession de la créance hypothécaire de la
femme et la cession de cette hypothèque isolée de la créance ;
car, dans les actes qui contiennent subrogation à l'hypothèque
légale, les notaires ont toujours l'habitude d'énumérer la cession
des droits, actions, reprises et créances de la femme, pour éviter
les doutes et les discussions qui pourraient s'élever sur la nature
de l'acte ; ces expressions : « cession de droits, actions et reprises, »
sont tout à fait synonymes de celles-ci : cession de créances hypothécaires, ou plus simplement cession d'hypothèque légale.
Malgré cela, il ne faudrait pas accepter ces termes sans contrôle
pour leur faire produire des effets contraires à l'intention des
parties et à la saine interprétation de leur volonté ; car ce qu'il y

a de plus respectable à tous les points de vue, surtout au point de vue légal, c'est la liberté; la liberté des conventions est un des principes fondamentaux de notre droit; et l'interprète doit toujours se demander en premier lieu quelle a été l'intention des parties contractantes? Or, nous savons qu'en général, par la subrogation, la femme entend conserver sa créance intacte, et ne rien aliéner de ses droits en dehors du droit réel, de l'hypothèque qui lui est concédée par la loi, et que, de son côté, le créancier n'a voulu acquérir rien autre chose. Il faudra donc, dans la plupart des cas, raisonner comme si la femme avait formellement limité son abandon à son droit hypothécaire.

125. 1° Ainsi à cette question : sur quelle nature de biens le subrogé acquiert-il des droits par la subrogation? nous répondrons avec confiance que, comme subrogé, il ne peut en aucune façon exercer les droits personnels de la femme, il ne peut exercer que ses droits hypothécaires. Par conséquent, en cette qualité, il n'a aucun droit sur les meubles du mari; il n'a de droits que sur les immeubles soumis à l'hypothèque légale dont il est devenu cessionnaire en tout ou en partie; c'est là le but essentiel de la subrogation, telle qu'il l'a certainement comprise. Le mot *subrogation* exprime en effet l'idée seule de la substitution éventuelle d'un créancier à un autre créancier hypothécaire ou privilégié, à l'effet d'exercer, pour le recouvrement de sa propre créance, les droits hypothécaires de ce dernier (1). Lors donc qu'une distribution de l'actif mobilier du mari aura lieu, le subrogé ne prendra rien par préférence aux autres créanciers de la femme, sur les deniers attribués aux créances de celle-ci; seulement, s'il est en même temps créancier personnel de la femme, il pourra, d'après le droit commun, en cette qualité, concourir sur ces deniers avec les autres créanciers de la femme qui auront formé opposition en temps utile.

126. M. Mourlon, qui ne sait quel parti prendre sur le véritable caractère de la subrogation, qui arrive à la définir en

___

(1) Aubry et Rau, § 288 *bis*, n° 4.

termes obscurs : « la cession limitée de la créance elle-même, » et
qui veut absolument y voir sous-entendue la cession, dans une
certaine mesure, de la créance hypothécaire, ne peut se trouver
d'accord avec nous sur ce point, et décide que le dividende attribué à la subrogeante devra appartenir en sous-ordre à son cessionnaire, quand le subrogé sera seulement créancier personnel
de la femme ; autrement, l'hypothèque sur laquelle il a un droit
réel ne serait éteinte que pour le sous-dividende qui lui serait
attribué, et le mari a intérêt à ce qu'elle soit éteinte pour le
tout ; quand le subrogé est créancier personnel du mari, celui-ci
peut imputer le paiement qu'il lui fait sur la créance de sa
femme, et éteindre ainsi l'hypothèque, s'il a le droit de se libé-
rer en ce moment. Comment concilier ces explications plus ou
moins claires avec l'opinion de l'auteur sur la possibilité légale
de céder l'hypothèque principalement, indépendamment de la
créance garantie ? Du reste, changeant bientôt d'avis, M. Mourlon ajoute que si le cessionnaire use de la cession et obtient le
paiement de sa créance, sa créance est éteinte, ainsi que l'hypothèque cédée, puisque c'est en l'exerçant qu'il a été payé ; que
les fonds qui ont servi à le désintéresser sont ceux dont la femme
du chef de laquelle il les a touchés était elle-même créancière ;
que la femme, en cédant son hypothèque, a donc réellement cédé
la portion utile de sa créance, en lui concédant le montant de la
collocation qu'elle aurait plus tard obtenue (1). Évidemment,
par la cession de son hypothèque seule, la femme n'entend pas
transférer au créancier un droit purement abstrait et tout à fait
inutile ; le créancier a voulu acquérir et a certainement acquis
une garantie sérieuse, le droit d'obtenir son paiement sur le
prix des immeubles du mari ; mais il n'a pas eu l'intention d'acquérir l'action personnelle de la femme contre son mari ; celle-ci
n'a jamais voulu la lui donner. Le droit de la femme se trouve
modifié, c'est certain ; elle avait une garantie, elle s'en est dépouillée au profit du subrogé ; mais sa créance, elle l'a conservée,

(1) Mourlon, *Transcr.*, II, n° 928. — Bertauld., *Subrog.*, n° 136.

elle l'a encore, toute nue, sans accessoires. Les droits et reprises de la femme ne peuvent donc être invoqués par le subrogé que quant à la garantie, à l'hypothèque qui les accompagne; quant à l'avantage hypothécaire qu'ils peuvent procurer, il a le droit de les faire valoir dans cette limite; mais évidemment il ne peut le faire que s'ils existent encore; il est donc intéressé à la conservation des créances, non pas comme propriétaire de ces créances, mais comme devant jouir du bénéfice de l'hypothèque qui y était primitivement attachée, et que la femme lui a concédée.

127. 2° A quelle époque le subrogé peut-il exercer les droits hypothécaires de la femme? — Cette question fait peu de doute et offre peu d'aliments à la discussion. La femme ne peut agir sur les biens de son mari en paiement de ses créances, avant la dissolution du mariage ou la séparation de biens. Si cependant, par suite d'événements extraordinaires, un ordre vient à s'ouvrir sur les biens du mari, la femme pourra se faire colloquer pour ses créances matrimoniales. Quant au subrogé, il ne peut évidemment avoir en cette qualité que les droits de la femme, mais s'il est en même temps créancier personnel du mari, il peut lui-même provoquer l'ouverture d'un ordre sur ses biens, et alors invoquer les droits de la femme en demandant l'adjudication. La femme, pendant le mariage, ne peut pas exiger le paiement de ses reprises, le subrogé ne le peut donc pas non plus; cependant, en cas de faillite ou de déconfiture du mari, il peut, d'après l'article 1446 du Code civil, poursuivre le remboursement des créances garanties par la subrogation (1).

128. 3° Une question importante, qui s'est plusieurs fois présentée devant les tribunaux, est celle de savoir si une femme mariée, obligée solidairement avec son mari, et réputée caution de ce dernier, d'après l'article 1431 du Code civil, ayant droit en cette qualité à être indemnisée de l'obligation contractée par elle dans l'intérêt de son mari, indemnité garantie par l'hypothèque légale à compter du jour de l'obligation, aux termes de l'article 2135-2°, peut invoquer, comme une caution ordinaire, l'ar-

(1) Bertauld, *Subrog.*, n° 184.

ticle 2032, c'est-à-dire agir contre son mari, dans un des cas cités par l'article 2032, pour être indemnisée avant d'avoir payé le créancier, et obtenir, toujours avant d'avoir soldé la dette du mari, une collocation actuelle et définitive au moyen de laquelle elle paiera le créancier et obtiendra décharge de son cautionnement?

120. L'intérêt pratique de la question est que, dans le cas où une femme, obligée solidairement avec son mari, est devenue insolvable avant d'avoir payé le créancier, au point qu'elle ne pourra sans doute jamais payer la dette, elle n'obtiendra pas une collocation définitive; et ce sont alors les créanciers du mari, primés par l'hypothèque légale, qui toucheront les deniers attribués à cette hypothèque pour les restituer quand la femme aura payé la dette, c'est-à-dire jamais. La femme n'a aucun intérêt à la question; mais quand, en s'obligeant solidairement avec son mari, elle a subrogé le créancier à son hypothèque légale, pourra-t-elle, et à son défaut, le subrogé pourra-t-il, dans un des cas prévus par l'article 2032, invoquer cet article et obtenir une collocation actuelle, au moyen de l'hypothèque légale; ou bien la femme n'aura-t-elle droit à une collocation définitive qu'après avoir payé la dette, et le subrogé ne pourra-t-il obtenir qu'une collocation provisoire qui ne lui sera jamais utile ?

130. On a soutenu, en s'appuyant sur des raisons en apparence fort bonnes, que la femme ne pouvait être colloquée définitivement avant d'avoir payé la dette; que son hypothèque légale lui permettait seulement de recouvrer, en cas de paiement fait par elle, les sommes déboursées pour le mari ou la communauté. Les articles 1431 et 2135 donnent, en effet, à la femme, une action pour être indemnisée, une hypothèque pour indemnité; or, l'indemnité suppose un paiement; jusque-là, pas de collocation définitive. L'article 2032 est inapplicable à la femme qui a son hypothèque légale, il ne sert qu'aux cautions qui n'ont stipulé aucune garantie (1).

(1) Bertauld, *Subrog.*, n° 74; Grenoble, 3 août 1853; S. 54, 2, 440; Caen, 22 mai 1858. *Jur. de Caen*, 1858, p. 181.

131. L'opinion contraire, adoptée par la majorité des auteurs et la jurisprudence, nous paraît bien préférable; et quelque fondés que paraissent les arguments ci-dessus exposés, ils peuvent être victorieusement combattus, selon nous. Et d'abord, ce qui n'est pas et ne peut être contesté, la femme solidairement obligée avec son mari, est légalement réputée, dans ses rapports avec lui et ses ayants cause, simple caution; par conséquent elle doit avoir un recours pour être indemnisée de son obligation, recours garanti par l'hypothèque légale du jour du contrat (1431, 2135 C. c.). Comment lui refuser alors, ainsi qu'à toute autre caution, le bénéfice de l'article 2032, c'est-à-dire le droit d'exercer un recours avant d'avoir payé? Se peut-il que la loi, qui accorde tant de causes de préférence à la femme, qui la protège dans tous les cas plus que personne, ait entendu dans un cas spécial, et certainement sans aucun motif sérieux, la priver du bénéfice commun ouvert à tous, si raisonnable, si équitable, d'une disposition qui met la caution à l'abri d'une perte irréparable, à l'abri de l'un des dangers si nombreux auxquels sont exposées les personnes qui ne s'obligent que dans l'intérêt d'autrui ! On oppose les mots *indemnité, indemnisée.* Ces expressions contiennent certainement l'idée d'un paiement effectué; mais la loi les a-t-elle employées dans cet article avec une aussi grande rigueur, et faut-il, d'après la seule signification de ces mots, dépouiller la femme d'un droit qui appartient à tout autre obligé dans ces conditions? Tel n'est pas notre avis, et ce qui prouve que la loi elle-même n'a pas pris ces expressions dans leur stricte signification, c'est qu'elle les emploie précisément dans l'article 2032 pour désigner l'action exercée par la caution avant d'avoir payé; comment ne l'a-t-on pas remarqué? — La femme, ajoute-t-on, est déjà suffisamment protégée par son hypothèque légale; l'article 2032 ne s'occupe que des cautions qui sont sans défense et qui n'ont aucune garantie particulière. Faudra-t-il donc décider alors que si une caution avait stipulé une hypothèque au moment de son engagement, elle n'aurait plus le droit d'invoquer l'article 2032? Ces distinctions nous paraissent bien difficiles à soute-

nir légalement, et on se demande à quoi servirait la plupart du temps l'article 2032, si la caution n'avait pas une hypothèque conventionnelle ou légale sur le débiteur principal. Il vaut mieux dans ce cas, comme dans tous les autres, ne pas faire d'exception contre la femme : elle est insolvable; mais elle est exposée à l'action du créancier pour une dette qui, en réalité, n'est pas la sienne, il faut l'en préserver, et lui permettre, ainsi qu'au subrogé, d'obtenir une collocation définitive au rang de l'hypothèque légale (1).

132. 4° Quelle est, d'une façon exacte, la nature du droit que le créancier acquiert par la subrogation à l'hypothèque légale ? Acquiert-il, au moment de la convention, un droit actuel, définitif, ou seulement un droit conditionnel, soumis aux causes d'extinction des droits et reprises de la femme, et à cette condition que la femme, lors de la liquidation de la société conjugale, sera créancière de son mari? Que de discussions sur ce point, que de théories diverses ! Cependant, pour qui étudie la subrogation à l'hypothèque légale, il est impossible de ne pas prendre parti sur cette question d'un intérêt théorique et pratique aussi considérable, de ne pas discuter encore et toujours les anciens et les nouveaux systèmes. Les opinions que nous avons soutenues jusqu'à ce moment sur les différentes questions discutées n'engagent en rien notre présente décision; elle ne subit aucune influence du parti que l'on peut prendre sur la nature de la subrogation; que l'on y voie une cession-transport, un nantissement *sui generis*, ou une délégation éventuelle, ou une convention toute spéciale; que l'on trouve dans la subrogation une cession des créances de la femme ou de l'hypothèque seulement, peu importe.

133. Il n'est pas indifférent toutefois de rappeler notre définition de la subrogation : convention spéciale qui a pour but de

(1) Valette, *Priv. et Hyp.*, p. 266; Rod. et Pont, *Cont. de mar.*, II, n° 812; Troplong, *Hyp.*, II, n° 610; Mourlon, *Transcr.*, II, n° 602; Paris, 8 janvier 1850. S., 50, 2, 65; Orléans, 12 juill. 1854. S., 54, 2, 561; Metz, 22 janv. 1850. S., 5 , 2, 305; Cass., 20 mai 1869. D., 69, 1, 270.

prémunir les tiers contre les effets cachés de l'hypothèque légale, en permettant à la femme de céder cette hypothèque, et au créancier cessionnaire de l'invoquer dans la mesure de sa propre créance aux lieu et place de la femme; et ce que nous avons dit sur la cession de l'hypothèque : la femme subrogeante, en se dépouillant de la garantie légale attribuée à sa créance, demeure propriétaire de sa créance contre son mari; l'hypothèque est encore la propriété de la femme, mais modifiée, car elle est soumise entre ses mains à deux conditions : si le créancier subrogé est remboursé par le mari; si la femme, au moment de la liquidation de la société conjugale, n'est pas créancière de son mari. C'est ce que nous devons maintenant démontrer en recherchant quelles causes d'extinction des créances de la femme seront opposables au subrogé.

134. On comprend facilement l'intérêt considérable de cette question : si les causes d'extinction opposables à la femme ne peuvent nuire au subrogé, si les droits de subrogé sont complétement arrêtés, fixés à son profit dans l'état et la situation où ils se trouvent lors de la subrogation, le subrogé aura alors un droit solide et immuable, il sera certain de ne rien perdre; si au contraire ces causes d'extinction font également disparaître à son préjudice les créances de la femme, et par suite l'hypothèque qui les garantissait, son droit sera incertain, précaire, sujet à s'évanouir d'un moment à l'autre. En effet, les créances de la femme sont soumises à tous les modes d'extinction des obligations énumérés dans l'article 1234 du Code civil : le paiement, la dation en paiement, la compensation, la confusion, etc.

135. Deux systèmes principaux se sont formés : dans le premier, on décide la question dans un sens favorable au subrogé; ses droits, dit-on, restent dans l'état où ils se trouvaient au moment de la subrogation; les événements ultérieurs ne peuvent lui porter préjudice, c'est toujours à ce moment qu'il faut se placer pour connaître sa condition alors irrévocablement fixée. Sans cela, dit M. Mourlon, la subrogation aux droits de la femme ne serait le plus souvent qu'un traître appât pour ceux qui, dans

leur imprudente crédulité, y chercheraient leur salut ; au point de vue de la morale et du crédit public, cette considération implique la condamnation de toutes les autres opinions ; mais, ajoute-t-il avec raison, cela ne suffit pas, il faut encore que le principe pris pour base soit conforme à la loi. Pour cet auteur, la subrogation est un nantissement qui porte non sur les reprises, mais sur l'hypothèque isolée de ces reprises ; or, le créancier auquel les créances et reprises de la femme ont été affectées par privilége a sur elle un droit réel et absolu, qui ne peut être détruit, amoindri ou modifié par les actes, conventions ou arrangements à survenir entre la femme et le mari. Ce qui est vrai du transport l'est également de la subrogation, car si elle ne transfère pas, comme la vraie cession, la propriété même de la créance qu'elle a pour objet, elle crée sur elle, au profit du subrogé, un droit qui, par sa nature, résiste aux événements accomplis du chef de la subrogeante.

136. M. Benech, qui voit dans la subrogation un nantissement portant sur la reprise elle-même, et produisant comme une saisie-arrêt au profit du créancier nanti, est bien plus logique tout en admettant le même résultat : cette saisie établie sur la créance de la femme constitue pour le subrogé un droit acquis. M. Bertauld, qui n'admet pas la cession de l'hypothèque seule, et qui exige pour la subrogation la transmission de la créance hypothécaire, fait immédiatement passer sur la tête du subrogé les droits et reprises de la femme ; pour lui cette cession est définitive, le subrogé a un droit acquis, et il n'aura à souffrir d'aucune des causes d'extinction qui pourront survenir entre la femme et son mari ; pour lui, les créances transmises subsisteront toujours, il est à l'abri de tous les événements. Et en effet, dit-il, si on admet, comme M. Mourlon, que la propriété des créances engagée par la femme continue de résider en sa personne, le subrogé n'est plus qu'un créancier gagiste qui n'a d'autre gage qu'une hypothèque fictivement séparée de la créance de laquelle elle dépend, et la constitution de ce gage enlève au débiteur hypothécaire la faculté de se prévaloir des événements postérieurs qui étein-

draient sa dette, s'il n'était qu'en face de ce créancier (1).

137. Dans le deuxième système, on décide la question contre le subrogé : MM. Aubry et Rau, qui ont émis, ainsi que nous l'avons vu, à peu près la même idée que les auteurs précédents sur la nature de la subrogation, diffèrent complétement d'opinion avec eux quant à ses effets. La subrogation, disent-ils, n'investit le créancier subrogé ni de la propriété des créances de la femme contre son mari, ni même de son hypothèque, qui reste attachée comme un accessoire à ses droits et reprises : elle confère seulement au subrogé le droit d'exercer éventuellement et jusqu'à concurrence de sa créance, les droits hypothécaires de la femme dans la même mesure et sous les mêmes conditions qu'elle pourrait le faire elle-même. L'effet de la subrogation demeure donc subordonné à la double condition que la femme se trouve, au moment où on pourra la faire valoir, créancière de son mari, et que son hypothèque ait été conservée. C'est tout à fait notre opinion ; nous ne saurions mieux dire et nous n'avons jamais dit autre chose ; mais qu'il y a loin de cette déduction à la définition que ces auteurs donnent de la subrogation : une sorte de cautionnement réel ou de nantissement *sui generis* ; qu'est devenue l'idée de gage ? pourquoi vouloir assimiler la subrogation à un gage conditionnel, et exiger absolument la transmission conditionnelle de la créance, lorsque l'idée de subrogation devient si simple et si claire en admettant la cession conditionnelle du seul droit hypothécaire, de l'hypothèque ?

138. Le subrogé, cessionnaire de la femme, la représente, quand elle vient réclamer ses reprises ; et puisqu'elle n'aurait pu entraver l'administration du mari, ni empêcher de s'accomplir les compensations qui doivent s'opérer pendant la durée de cette administration, le créancier ne le peut pas davantage. C'est ainsi que M. Martou, qui admet la cession de l'hypothèque sans la créance, convient que cette garantie ne peut avoir sur la tête du cessionnaire un autre caractère, ni d'autres condi-

(1) Mourlon, *Tr.*, II, n° 911 ; Benech, *Nant.*, n° 40 ; Bertauld, *Subrog.*, n° 120.

tions d'existence et de durée que sur la tête du cédant. Le subrogé a acquis une hypothèque dont l'efficacité est subordonnée à l'existence de la créance, comme le cédant l'avait lui-
même ; il faut donc, pour que le subrogé puisse s'en prévaloir
utilement, que la créance du cédant existe encore à l'instant où
l'hypothèque est mise en mouvement par le cessionnaire. La
première question à examiner est de savoir si la femme qui se
présente, ou au nom de laquelle le créancier se présente à l'ordre, a des droits à y exercer. M. Pont est complétement de cet
avis : la cession ne donne au cessionnaire qu'un droit purement éventuel, et comme l'hypothèque cédée ne peut cesser
d'être l'accessoire de la créance à laquelle la loi l'a rattachée, il
ne peut se faire que cette créance, qui est le principal, venant
à s'éteindre entre les mains de la femme, l'hypothèque, qui
est l'accessoire, survive aux mains du créancier subrogé.

130. Nous ne pouvons qu'admettre cette dernière opinion :
toutes les causes d'extinction qui sont opposables à la femme le
sont également au subrogé, et la subrogation s'évanouit comme
sans objet, s'il résulte de la liquidation ultérieure des droits de
la femme, qu'au lieu d'être créancière, elle est débitrice de son
mari. Il faut toutefois noter cette exception à notre règle indiquée par MM. Aubry et Rau, que la convention de subrogation,
expresse ou tacite, est irrévocable en soi ; que la femme ne peut
ni la rétracter unilatéralement, ni en amoindrir l'effet, soit par de
nouvelles subrogations, soit en consentant à la réduction de son
hypothèque légale. Ainsi, si les héritiers de la femme sont en
même temps les héritiers du mari, et qu'après avoir accepté
purement la succession de la femme, ils acceptent de la même
façon celle du mari, la réunion en leur personne des qualités de
créanciers et débiteurs des droits et reprises de la femme opère
une confusion qui ne permet plus au créancier subrogé à l'hypothèque légale de se prévaloir de cette hypothèque.

140. La subrogation n'investit donc pas le créancier de la
propriété des créances de la femme, qui les conserve intactes et
soumises à toutes les causes d'extinction des créances en géné-

ral ; elle soumet seulement l'hypothèque légale aux conditions que nous avons exposées, et ne peut empêcher cette hypothèque d'être éteinte comme accessoire. Car la femme a bien pu se dépouiller de son hypothèque, mais elle n'a pas pu en changer le caractère, ni les conditions d'existence qui lui ont été imposées à sa naissance. L'hypothèque est née au sujet d'une créance que la femme avait contre son mari, pour durer autant qu'elle, lui assurer son remboursement intégral. Si la créance disparaît, l'hypothèque disparaît ; si la créance diminue, l'hypothèque diminue dans la même mesure ; comment une cession pourrait-elle en modifier la nature ?

141. Il y a une analogie remarquable entre la cession d'un droit d'hypothèque et la cession d'un droit d'usufruit. L'usufruitier, dit l'article 595 du Code civil, peut jouir par lui-même, vendre ou céder son droit à titre gratuit ; il peut céder d'une manière quelconque son droit d'usufruit, mais évidemment il le cède, il le transmet tel qu'il l'a, limité dans sa durée, devant cesser dès que lui, cédant, aura cessé d'exister ; le droit ne change pas de nature, et il s'éteindra, non par la mort du cessionnaire, mais par celle de l'usufruitier originaire. Et ce n'est pas seulement l'exercice des droits, comme à Rome, qui fait l'objet de la cession, c'est le droit lui-même, sans que sa nature soit modifiée en aucune façon. Il en est ainsi de l'hypothèque qui, en sa qualité de droit transmissible, peut être cédée par la femme telle qu'elle l'a, sujette à une mesure et à des modifications comme sa créance ; au moment où la femme pourrait employer son hypothèque, le subrogé l'emploie de la même façon, dans les mêmes limites, les mêmes conditions.

142. Mais, nous dit-on, c'est un piège ; si la subrogation ne confère aucun avantage assuré, elle peut devenir illusoire. A cela nous répondrons que les prêteurs savent parfaitement ce qu'ils font, en général ; rien ne les oblige à accorder leur confiance à des personnes qui ne leur en paraissent pas dignes ; s'ils agissent à la légère, tant pis pour eux. Cependant, il faut voir le fond des choses et ne pas se laisser séduire par de fausses

apparences ; gardons notre commisération pour les malheureux, non pour les spéculateurs. Pourquoi a-t-on imaginé la subrogation ? Est-ce pour permettre aux derniers créanciers de primer les créanciers plus anciens et premiers en date ? Non certainement, ce serait une grande erreur que d'entendre ainsi la cession d'hypothèque légale. Et nous l'avons déjà dit souvent : qui est-ce qui gêne les créanciers futurs auxquels recourt le mari ? Ce ne sont pas les créanciers inscrits, qui sont connus, dont on connaît la dette dans toutes ses particularités intéressantes ; ce sont encore moins les créanciers chirographaires, qui ne sont pas connus, mais qui ne peuvent rien contre une hypothèque ; non, ce qui les arrête, ce qui les effraie, c'est l'inconnu, c'est l'hypothèque privilégiée, dont ils ne sauront la force que quand ils ne pourront prendre aucune précaution pour la combattre ; c'est elle qu'il faut écarter, ou qu'il faut faire tourner à son profit.

143. Et en effet, qu'arrive-t-il en pratique? On ne peut songer à primer les créanciers antérieurs, qui tous se sont fait subroger à l'hypothèque en traitant avec le mari ; la subrogation est devenue une clause de style; donc pas de fausse crainte, mais aussi pas de fausse espérance. Que les créances de la femme s'éteignent ou ne s'éteignent pas, les créanciers vigilants, c'est-à-dire qui se seront fait subroger à l'hypothèque légale, se trouveront toujours dans la même situation : si la femme est encore créancière lors de la liquidation de la société conjugale, le subrogé exerce l'hypothèque à la date de son inscription, qui peut être la même que celle de son contrat; la subrogation ne change rien à la collocation entre créanciers, elle n'a pour but que d'écarter la femme ; si, au contraire, la femme n'est plus créancière, les créanciers subrogés qui se sont fait consentir par le mari une hypothèque conventionnelle, exercent leurs droits propres à la date de leur inscription, qui peut être la même que celle de leur contrat, et viennent absolument dans le même ordre qu'ils seraient venus avec l'hypothèque légale. Les subrogés ne souffrent donc pas de la perte des créances de la femme; ce qu'ils ont

voulu éviter, c'est que la femme pût faire, par une subrogation postérieure, des créanciers qui leur seraient préférés, ou pût elle-même faire valoir contre eux des causes de préférence.

144. Du reste, quel que soit le résultat, la loi doit être appliquée, et il ne faut pas faire produire à une convention des effets qui dépasseraient l'intention réelle des parties. Si les créanciers veulent avoir un autre genre de sûreté, et éviter d'une façon certaine l'extinction de la créance, qu'ils se la fassent céder en gage, par un contrat bien précis, en remplissant les conditions de l'article 2075 ; ou qu'ils se fassent céder la propriété, conformément à l'article 1690. Alors tout sera changé, et les formes et les effets des conventions ; mais il n'est pas permis de confondre la subrogation avec la cession des créances et avec le gage (1).

145. Le subrogé doit exercer à son profit l'hypothèque légale, le rang de l'hypothèque légale ; mais à quel moment faudra-t-il apprécier cette hypothèque, ce rang, au moment de la subrogation ou au moment de l'ouverture de l'ordre? Lors de la subrogation, c'est impossible : il aurait alors fallu déterminer exactement leur situation et leur étendue à ce moment. C'est donc évidemment au moment où l'ordre étant ouvert, la femme pourrait venir exiger une collocation : c'est cette collocation que les parties ont en vue ; le subrogé sera colloqué à la place de la femme, au rang de son hypothèque. La femme n'a pas pu, par la subrogation, renoncer à toutes les causes d'extinction qui dérivent des rapports éventuels et nécessaires qui existent entre les époux ; et pour apprécier cette convention, née de la pratique, il faut surtout bien rechercher l'intention des parties ; mais l'extinction de la créance ne doit pas, comme nous l'avons dit, provenir de la volonté frauduleuse de la femme à l'égard du subrogé ; elle ne doit venir, pour pouvoir lui être opposée, que des faits amenés par le jeu naturel et ordinaire des relations entre époux ; sinon on invoquera l'article 1167 du Code civil.

(1) Aubry et Rau, § 288 *bis*, n°⁵ 32 et 38 ; Martou, *Lettre à M. Benech* ; Dalloz, *Priv. et Hyp.*, n° 000 ; Troplong, *Tr.*, n° 328 ; P. Pont, n°⁵ 470 à 483 ; Paris, 5 fév. 1853 (S., 53, 2, 307) ; Cass. Req., 28 janv. 1853 (S., 53, 1, 423) ; Cass., 24 mai 1860 (D., 60, 1, 270).

146. Notre définition étant ainsi justifiée, quant à la première condition, par la précédente solution et la subordination du droit hypothécaire du subrogé à l'existence et la conservation des créances de la femme, nous avons encore à démontrer la vérité de la deuxième condition que nous avons posée : le subrogé devient propriétaire de l'hypothèque légale au moment de la liquidation de la société conjugale ; s'il n'a pas obtenu du mari un remboursement préalable, le point sera d'autant plus facile à déterminer, qu'il ne s'est pas élevé de discussions à ce sujet, et que probablement il ne s'en élèvera jamais ; encore il ne faut jurer de rien. Cependant il est utile de bien faire remarquer cette conséquence de la subrogation que la femme ne devient aucunement la débitrice du subrogé, que le mari est seul obligé à son égard. Que demande en effet le tiers créancier ? D'être remboursé d'une façon ou d'une autre ; pour être plus sûr de ne pas perdre, il exige de la femme l'abandon de son hypothèque, pour le cas où les actions qu'il a de son chef ne seraient pas assez puissantes pour l'amener à son but. Toute subrogation a donc un caractère essentiellement conditionnel, et il en résulte que la femme conserve toutes ses créances jusqu'à la reddition des comptes. Si, avant cette époque, le mari a désintéressé le créancier, la femme est absolument dans la situation où elle serait s'il n'y avait pas eu de convention ; s'il a été payé en partie, la femme aura perdu ses droits hypothécaires jusqu'à concurrence de ce qui est dû ; si le créancier n'a rien reçu, la femme aura perdu sa garantie hypothécaire jusqu'à concurrence de la créance entière du subrogé. Il en résulte que si la femme a fait plusieurs subrogations, elle n'a abandonné successivement que les droits qui lui restaient après chaque aliénation, dans les mêmes conditions qu'elle les avait.

147. 5° Des droits que le subrogé acquiert au moyen de la subrogation. — C'est une question délicate à laquelle on ne peut répondre *a priori* d'une façon décisive, à laquelle il est difficile d'assigner une règle fixe. Il faut surtout tenir compte en cette matière de l'intention des parties, c'est la première chose à con-

sidérer : si elles ont manifesté leur volonté, si elles ont établi une limite à la cession proposée et acceptée, rien de plus facile alors que de déterminer par l'examen du contrat la mesure et la qualité des droits conférés par la femme au subrogé ; pas de discussions possibles, c'est le but auquel on doit toujours tendre. Si, au contraire, les parties ont noyé leur intention dans des dispositions générales, sans même souvent se rendre compte au juste des sûretés abandonnées d'un côté, acquises de l'autre, le devoir de l'interprète est de rechercher quelle a dû être leur volonté au moment de la convention, d'établir par ces recherches la limite probable de la cession ; et s'il ne peut y parvenir à l'aide de l'article 1161, d'appliquer alors la règle de l'article 1162, sur l'interprétation des conventions, c'est-à-dire, dans le doute, en réduire les effets restrictivement contre celui qui a stipulé, en faveur de celui qui a contracté l'obligation. Le plus souvent, ces recherches seront facilitées par le but apparent mentionné dans le contrat et les circonstances de l'obligation. Ainsi, s'agit-il d'une subrogation consentie à un créancier du mari, la femme a voulu sans doute garantir le remboursement de la somme entière par la cession de ses meilleures sûretés, à moins de limitation formelle à une partie de la créance. S'agit-il de l'acquéreur d'un immeuble du mari, l'acte fera mention du droit transmis, qui sera sans doute une renonciation à son hypothèque sur cet immeuble au profit de l'acquéreur.

148. Mais l'interprétation sera quelquefois difficile : ainsi la femme déclare subroger un créancier à son hypothèque légale, le créancier acquiert-il tous les droits qu'aurait eus la femme si elle avait conservé son hypothèque ? ou bien n'acquiert-il qu'une certaine portion de ces mêmes droits, qui, venant à périr, entraînera l'extinction de toutes les sûretés conférées au subrogé, et amènera l'inutilité de la subrogation ? M. Mourlon (1) n'hésite pas à répondre que la cession comprend seulement les droits hypothécaires qui garantissent les créances existantes au moment

(1) Mourlon, Tr., II, n° 910.

de la subrogation, que la convention doit être entendue ici dans le sens de la restriction. Nous pensons, au contraire, d'accord avec la jurisprudence, qu'il faut interpréter la convention dans un sens large et ne pas borner l'effet de la cession à l'hypothèque déjà créée, que la femme a dû abandonner, et que le subrogé a dû vouloir acquérir tous ses droits hypothécaires nés et à naître. En effet, le créancier a certainement eu l'intention de se mettre le mieux possible à l'abri de toute perte, c'est pour cela qu'il a parlé en général de l'hypothèque légale, sans la limiter, sans la restreindre. Si la femme avait renoncé à son hypothèque, elle se serait évidemment démunie du droit d'opposer son hypothèque au bénéficiaire de la renonciation, de quelque façon que ce soit; elle l'aurait fait dans l'intention de le laisser passer avant elle et non de concourir avec lui; pourquoi la cession aurait-elle moins d'effet que la renonciation ? Il n'y a guère de raisons pour cela ; ce ne serait ni juste ni favorable à la femme, car si la créance sur laquelle est appuyée l'hypothèque cédée vient à périr, la femme pourra postérieurement subroger un autre créancier à une autre créance qui sera en fin de compte préférable, le second subrogé ne perdra rien, le premier perdra tout; la femme ne trouverait pas beaucoup de prêteurs qui consentiraient à courir de pareils risques.

149. La femme à qui l'on demande une garantie sérieuse est donc supposée engager par la subrogation toutes les causes d'hypothèques présentes et à venir; et le subrogé primera, sur tous les immeubles du mari, sauf convention contraire, tous ceux que la femme aurait primés par son hypothèque générale, portant sur tous les immeubles qui, à un moment quelconque, ont été frappés par l'hypothèque, quand ils étaient entre les mains du mari, quoique depuis ils aient changé de propriétaire (2122 C. c.) (1).

150. Dans une autre hypothèse les droits du subrogé pourront être restreints par la convention, mais évidemment ils ne peu-

(1) Cass., 18 déc. 1881, S. 83. 1-247.

vent être étendus ; le subrogé peut avoir moins de droits que la
femme, il ne peut en avoir plus ; et du principe qu'il aura seulement les droits que la femme aurait pu faire valoir si elle avait
conservé son hypothèque, il résulte que le subrogé devra souffrir tous les priviléges et hypothèques qu'on aurait pu opposer
à la femme et qui auraient primé son hypothèque légale ; que les
subrogés, quels que soient leur nombre et leurs créances, ne
pourront se servir de l'hypothèque légale que dans la limite et
dans les conditions où la femme elle-même aurait pu le faire,
quoi qu'en ait dit M. Bertauld ; quand tous les droits hypothécaires de la femme auront été exercés, l'hypothèque sera totale-
ment éteinte, on essaiera en vain de la faire revivre ; enfin que
les subrogés seront obligés d'attendre la dissolution du mariage
ou la séparation de biens, époque à laquelle la femme peut
exercer son hypothèque pour faire valoir les droits cédés à sa
place.

151. Nous devons cependant signaler une exception à cette
règle : dans le cas de l'article 1446 du Code civil, c'est-à-dire en
cas de faillite ou de déconfiture du mari, les créanciers personnels de la femme, sans avoir le droit de demander la séparation
de biens, par respect pour le lien du mariage et l'affection mu-
tuelle que se portent les époux, peuvent exercer les droits de leur
débitrice comme s'il y avait séparation, jusqu'à concurrence du
montant de leurs créances ; ils agissent comme s'il y avait renonciation à la communauté. Si les subrogés ne sont pas créanciers
personnels de la femme, la subrogation ne leur donne aucun droit
personnel contre elle ; pourront-ils encore, dans le cas de l'article 1446, demander dans leur intérêt la séparation de biens ?
séparation qui ne serait prononcée qu'à leur égard, et dans la
limite seulement de leurs créances ? Le défaut d'engagement
personnel de la part de la femme ne leur permet pas de la poursuivre pour se faire payer ; mais comme ils sont ses ayants
cause, de la même manière que l'acquéreur est l'ayant cause de
son vendeur, puisque la femme leur a cédé l'hypothèque qu'elle
aurait conservée lors de la dissolution de la communauté, de la

société conjugale, tout en la gardant liée à sa créance, de telle sorte que les causes d'extinction de la créance seront opposables aux subrogés comme à la femme elle-même; ils peuvent, pendant la communauté, exercer l'hypothèque légale sur les conquêts de la communauté, et être colloqués sur le prix définitivement; car, pour eux, la société conjugale est réputée dissoute; l'article 1446 considère que dans l'état où se trouvent les affaires du mari, il y aurait fraude pour les créanciers dans la continuation de la communauté. Mais à l'égard de la femme, la communauté continue d'exister, malgré la faillite ou la déconfiture du mari, jusqu'à ce que la femme demande la séparation de biens.

152. 6° Des droits de la femme subrogeante contre son mari. — Des effets de l'exercice de la subrogation. — Le principe en cette matière est que la subrogation ne peut nuire ni au mari, ni à ses créanciers hypothécaires, ni aux acquéreurs de ses biens, et qu'elle ne peut, d'un autre côté, profiter qu'à ceux en faveur desquels elle a été faite. Appliquant ce principe, nous devons d'abord faire une distinction importante. — *a.* Quand il s'agit d'une subrogation consentie au profit d'un créancier de la femme seule ou d'un tiers qui n'avait pas le mari pour débiteur, c'est-à-dire du créancier d'un étranger cautionné par la femme au moyen de l'hypothèque légale, c'est en réalité la femme seule, qui, dans ses relations avec son mari, fait valoir sa créance hypothécaire en réclamant la collocation qui lui est due; l'opération intervenue entre la femme d'un côté, et de l'autre son créancier personnel ou le créancier d'un tiers, est tout à fait étrangère au mari; c'est donc la femme qui vient à l'ordre, qui touche le montant de sa créance hypothécaire, avec l'obligation d'en faire profiter le subrogé; la somme touchée par elle ou le subrogé sur le prix des immeubles du mari, réduit donc d'autant les droits et créances de la femme contre lui. Tout a disparu à la fois, il ne peut pas être question de recours contre le mari, puisqu'il n'y avait pas obligation de sa part.

153. *b.* Lorsque, au contraire, et c'est le cas le plus fréquent, il s'agit d'une subrogation consentie au profit d'un créancier du

mari, celui qui bénéficie du contrat, le véritable obligé, c'est le mari. La femme a aussi contracté une obligation dans l'intérêt de son mari, mais elle doit jusqu'à un certain point en supporter les conséquences. Ainsi, la femme a subrogé à son hypothèque un créancier chirographaire du mari, ou, ce qui revient au même, un créancier à hypothèque spéciale, sur des immeubles autres que ceux qui lui étaient affectés, par conséquent créancier chirographaire quant aux immeubles qui ne lui sont pas affectés ; l'exercice de la subrogation fera perdre à la femme, vis-à-vis des créanciers antérieurs à la subrogation, dans la mesure de la créance du subrogé, le bénéfice du rang attribué à l'hypothèque, à raison de laquelle il a été colloqué. Ainsi, la femme a subrogé à son hypothèque un créancier à hypothèque spéciale sur des immeubles qui lui étaient affectés, ou un créancier à hypothèque générale ; elle ne perdra le bénéfice du rang attribué à l'hypothèque cédée que vis-à-vis des créanciers hypothécaires antérieurs au subrogé, qui ne les a primés qu'en vertu de la subrogation.

154. Mais, dans tous les cas, la femme, qui du reste se sera le plus souvent engagée solidairement avec son mari, qui devra par conséquent être considérée à son égard comme simple caution (1431 C. c.), aura d'abord contre son mari tous les droits que la loi accorde aux cautions contre le débiteur principal ; c'est-à-dire qu'après avoir payé, elle aura son recours contre lui pour le montant de la somme prise par le subrogé (2028 C. c.) ; et que même avant d'avoir payé, elle pourra agir contre lui pour être indemnisée d'un engagement qu'elle n'a pris que dans l'intérêt de son mari. Ce recours est, comme nous l'avons dit, garanti à la date de la subrogation par l'hypothèque légale (2135-2°, 3° al.) ; la femme pourra faire valoir cette hypothèque contre les créanciers hypothécaires dont l'inscription sera postérieure à la subrogation ; il n'y rien là de contraire au principe que la subrogation ne peut ni profiter ni nuire au mari ou à ses créanciers hypothécaires.

155. De plus, la femme ayant en réalité payé le créancier de

son mari au moyen de deniers que son hypothèque légale lui as-
surait, se trouvera légalement subrogée à tous les droits et actions que le subrogé avait contre son mari et ses codébiteurs, et
à toutes les hypothèques concédées au subrogé, aux termes des
articles 1251-3°, comme ayant payé une dette à laquelle elle
était tenue avec et pour son mari; et 2029, comme caution ayant
payé pour le débiteur principal. C'est encore la confirmation du
principe que le mari et ses créanciers hypothécaires ne peuvent
tirer profit de la subrogation. La femme aura le choix entre ces
deux sûretés, son hypothèque légale de l'article 2135, ou l'hypothèque conventionnelle du créancier, 2151. La dernière peut
être bien préférable à la première, si le subrogé a obtenu une
hypothèque avant l'époque de la subrogation; ou même lorsque
cette hypothèque ne lui aura été consentie que le jour de la
subrogation, si la femme a négligé de se conformer aux prescriptions de l'article 8 de la loi 1855, en ne prenant pas inscription
dans l'année de la mort de son mari; l'hypothèque légale au
contraire est préférable en ce qu'elle est dispensée de l'inscription
pendant tout le temps du mariage, et même pendant un an
après sa dissolution, tandis que l'hypothèque conventionnelle doit
être inscrite le plus tôt possible et renouvelée avec soin pour
éviter la péremption.

156. A propos de cette subrogation légale attribuée par les
articles 1251 et 2029 à la femme subrogeante, s'est élevée dans la
pratique une question fort importante, bien discutée par les auteurs, et décidée par la jurisprudence en sens divers. L'art. 2037,
parlant des modes d'extinction du cautionnement, dit que la
caution est déchargée, lorsque la subrogation aux droits, priviléges et hypothèques du créancier, ne peut plus, par le fait de
ce créancier, s'opérer en faveur de la caution. On s'est demandé
si cet article est applicable au cas de subrogation à l'hypothèque
légale, c'est-à-dire si la femme peut opposer l'art. 2037 au subrogé
qui n'a pas conservé son hypothèque conventionnelle, et lui refuser
l'exercice de son hypothèque légale sous prétexte qu'elle ne peut,
par son fait, se servir de la garantie sur laquelle elle a compté.

157. Examinons bien d'abord les termes de l'acte. Si l'acte porte que la femme, en subrogeant ou en renonçant à son hypothèque légale, se constitue caution de l'engagement de son mari, il est certain que nous ne devons avoir aucun doute, nous permettrons à la femme d'invoquer l'article 2037 toutes les fois qu'elle y aura intérêt, c'est-à-dire quand l'hypothèque conventionnelle devait primer l'hypothèque légale au moment de l'obligation (2135-2°), si elle avait été inscrite et conservée conformément à la loi. Mais lorsque l'acte ne fera aucune mention du cautionnement, devrons-nous encore laisser à la subrogeante le secours de l'article 2037, et considérer la convention de subrogation comme non avenue, si le fait du créancier subrogé empêche la subrogation légale de l'article 1251-3° ?

158. Des auteurs recommandables ont soutenu l'affirmative; M. Mourlon l'a assise sur d'excellentes raisons. Peu importe, dit-il, que la femme se soit, dans l'acte, déclarée caution; du moment qu'elle s'est engagée avec son mari, elle est réputée caution (1431); or, l'article 2037 couvre également les cautions solidaires et les cautions ordinaires; pourquoi faire une exception désastreuse aux intérêts de la femme qui s'est sacrifiée pour son mari? On dit que les deux hypothèques dont il est question, l'hypothèque légale et l'hypothèque conventionnelle, sont parfaitement indépendantes l'une de l'autre, que l'une peut très-bien s'éteindre entre les mains du subrogé sans entraîner pour lui l'extinction de l'autre; mais peu importe : il ne s'agit pas de savoir à quelles conditions l'hypothèque légale de la femme peut produire effet; la question est celle-ci : le subrogé peut-il faire produire effet à l'hypothèque légale au moyen de la subrogation, après avoir, par son fait, mis la femme dans l'impossibilité d'exercer les droits qu'il avait obtenus du débiteur principal avant ou au moment de la subrogation? Or, il n'est pas douteux que la femme soit une caution réelle, et puisse invoquer à ce titre l'art. 2037 selon son intérêt, à moins, ajoute-t-on, que l'on ne refuse à la caution réelle le droit de se prévaloir de ce bénéfice (1).

(1) Mourlon, Tr., II, n° 924; Bertauld, Subrog., n° 168.

159. On invoque, à l'appui de cette opinion, un arrêt de la Cour de Paris, en date du 24 août 1853 (1), qui décide que le concours solidaire de la femme à l'acte d'obligation, même avec affectation hypothécaire des biens de ce dernier, a uniquement pour effet, en ce qui touche l'hypothèque légale, d'entraîner une simple renonciation à la priorité de rang; et que si le créancier vient à perdre le bénéfice de son hypothèque, faute d'inscription ou par suite de la péremption de l'inscription prise, la femme reprend par elle ou des subrogés postérieurs le rang qui lui appartient en vertu de son hypothèque légale. Nous verrons bientôt s'il y a lieu d'appliquer toujours la même décision en cas de subrogation, de cession de rang, ou de renonciation; mais nous savons déjà que la renonciation tacite, c'est l'exemple de l'arrêt, résultant du concours de la femme à l'acte, avec affectation hypothécaire de la part du mari, est transmissive de l'hypothèque légale en général, et diffère sensiblement de la cession de priorité.

160. La Cour part de cette idée, absolument fausse à notre avis, que l'engagement solidaire de la femme équivaut à une cession de priorité de rang; il est donc assez difficile de savoir ce qu'elle déciderait si elle admettait, comme nous, que la renonciation tacite est transmissive et équivaut à subrogation. Cependant, elle paraît bien supposer que l'hypothèque cédée n'était, dans l'espèce, que l'accessoire de l'hypothèque conventionnelle conférée au créancier par le contrat, tandis qu'elle dérivait du contrat et de l'abandon tacite de la femme. Il importait donc peu que le créancier n'eût pas conservé sa propre hypothèque, tout à fait indépendante de l'hypothèque légale, car ce n'est pas le droit résultant de son hypothèque qu'il venait demander à l'ordre. Ce qu'il réclamait, c'était l'effet de l'hypothèque légale dans laquelle il avait été subrogé; et il suffisait que cette hypothèque n'eût pas péri et que la créance de la femme ne fût pas perdue, pour que sa réclamation dût être accueillie.

161. Nous préférons l'opinion contraire à celle que nous venons d'exposer. On peut parfaitement soutenir que la caution

(1) Paris, 24 août 1853. S., 53, 2, 543.

réelle n'a pas le droit d'invoquer le bénéfice de l'article 2037, mais pour nous, le nœud de la question n'est pas là. Toute l'argumentation développée pour le soutien de la première opinion est fondée sur cette idée et se réduit à ceci : que la femme subrogeante doit être considérée comme caution. Oui, la femme est caution, mais à l'égard de qui? Est-elle réputée caution généralement et pour tous? Non, l'article 1431 nous le dit lui-même, à l'égard de son mari; or, personne ne va jusqu'à vouloir supprimer ces mots de l'article, pour avoir la faculté de l'interpréter dans un sens général. La femme n'est une caution que pour son mari, que dans ses rapports avec son mari; pas le moins du monde dans ses rapports avec le créancier subrogé, à l'égard duquel elle n'est que débitrice solidaire; elle n'a contre lui aucun des droits que la loi accorde à la caution qui paie pour le débiteur (1).

162. La disposition de l'article 2037 emprunte son origine à l'équité : il est juste que le créancier conserve, dans l'intérêt de la caution, les garanties qui étaient attachées à sa créance et sur lesquelles elle a dû compter. Mais lors même que la femme subrogeante serait une caution légale à l'égard du subrogé, l'article 2037 lui sera-t-il d'une grande utilité. Il est bien certain qu'elle consentirait une subrogation ou une renonciation à son hypothèque lors même que le créancier n'aurait pas obtenu d'hypothèque conventionnelle, ce n'est pas sans doute l'attrait de cette garantie souvent illusoire qui la déciderait à contracter, puisque le créancier ne croit pas devoir s'en contenter. D'un autre côté, il arrivera presque toujours que cette hypothèque conventionnelle ne sera concédée qu'au moment du contrat, par conséquent ne vaudra pas mieux que l'hypothèque accordée à la femme par la loi même à ce moment; sauf les avantages que nous avons reconnus à l'hypothèque conventionnelle sous le numéro 155.

(1) Aubry et Rau, § 288 bis, n° 40; P. Pont, Hyp., n° 477; Troplong, Tr., n° 323; Paris, 31 mars 1853; S., 53, 2, 537; Req., 8 août 1853, S., 54, 1, 325; Req., 26 juin 1855; S., 55, 1, 670.

163. L'interprétation de ces mots : « le fait du créancier, » a soulevé une difficulté pour nos adversaires. M. Mourlon, reproduisant l'opinion de Pothier, distingue entre la faute *in committendo* et la faute *in omittendo*; s'il y a eu fait positif du créancier, la caution est déchargée, par ex. : mainlevée de l'hypothèque, renonciation au droit de l'exercer ; s'il y a eu simple négligence, par ex. : défaut d'actes conservatoires, d'inscription ou de renouvellement, la caution reste tenue. Cette distinction est généralement repoussée; l'article 2037 ne pouvait pas distinguer : basé sur l'équité, il devait toujours faire supporter au créancier la peine de sa faute. Du reste, tout le monde convient que l'intérêt étant la base de toute action, le créancier ne peut être tenu de conserver les garanties qu'il a acquises depuis l'obligation de la femme, celle-ci ne peut lui opposer la perte d'une hypothèque qui lui serait inutile.

164. 7° Lorsque la femme a subrogé à son hypothèque légale d'une façon absolue, sans restriction, à l'hypothèque qui garantit toutes ses créances, et porte sur tous les biens de son mari, ce qui est le cas le plus fréquent, la subrogation produit des effets généraux : la créance du subrogé a les meilleures garanties possibles, elle jouit de l'hypothèque légale jusqu'à son extinction, par un paiement complet, en admettant évidemment que la femme puisse invoquer contre son mari des créances qui auront conservé l'hypothèque, et que le mari soit solvable. Cette hypothèse ne présente aucune difficulté; mais il arrivera, rarement sans doute, que la portée de la subrogation sera restreinte par la convention, et cela de plusieurs manières : ainsi le contrat pourra dire en termes formels que la subrogation portera seulement sur l'hypothèque qui garantit, soit une créance déterminée de la femme, soit une quote part de toutes ses créances, ou d'une seule créance déterminée. Quels sont alors les effets de la convention, comment apprécierons-nous la situation du subrogé, quant à ses relations avec la femme, ou les créanciers et ayants cause de la femme? Le subrogé partiel primera-t-il la femme ou ses ayants cause, ou bien ceux-ci primeront-ils le subrogé, en

invoquant les droits hypothécaires sur lesquels la subrogation n'aura pas porté, ou bien concourront-ils les uns avec les autres?

165. Quelques distinctions seront nécessaires. Occupons-nous d'abord de la première hypothèse : *a*. La femme a cédé limitativement l'hypothèque qui garantit une de ses créances déterminées. — 1° Si l'hypothèque cédée garantissait des créances d'un rang supérieur à celui des créances hypothécaires conservées par la femme; par exemple, si la femme a cédé l'hypothèque que la loi lui accorde pour raison de sa dot et de ses conventions matrimoniales, sa meilleure sûreté, puisqu'elle doit, dans tous les cas, venir la première, le subrogé primera, sans aucun doute, la femme et tous ses ayants cause; il est dans la même situation que s'il avait reçu la cession de l'hypothèque générale; pourvu que la créance dotale de la femme soit d'une valeur au moins égale à sa propre créance.

166. 2° Si, au contraire, l'hypothèque cédée garantissait des créances d'un rang inférieur à celui des créances hypothécaires conservées par la femme, par exemple l'hypothèque que la loi lui accorde pour les sommes dotales qui proviennent de successions et de donations, ou pour l'indemnité des dettes qu'elle a contractées avec son mari, la femme et ses ayants cause primeront-ils le subrogé ou seront-ils primés par lui, ou viendront ils en concours avec lui? Dans le cas d'une simple subrogation, sans l'accompagnement d'une obligation personnelle de la femme, nous répondrons sans hésiter que la femme, ayant conservé ou ayant cédé à d'autres créanciers une hypothèque préférable à celle dont elle a investi le créancier dont s'agit, la femme et ses ayants cause seront colloqués au premier rang, au rang de l'hypothèque qui, selon la loi (2135), est préférable par la date de l'obligation du mari. L'époque de la cession n'a ici aucune influence, pas plus que n'en aurait l'époque ou même le défaut absolu de l'inscription : en effet, les hypothèques que nous avons mises en regard dans nos exemples n'ont aucun rapport entre elles, ne peuvent jamais concourir les unes avec les autres; la

loi leur a assigné le premier ou le dernier rang, elles le conser-
veront toujours quoi qu'il advienne; il s'agit de droits qui sont
et qui demeureront toujours distincts, snr lesquels les différents
subrogés respectifs ne peuvent venir que sur la part qui leur a
été asssignée à chacun.

167. Nous venons de voir ce qui se passe quand la femme ne
s'est pas obligée personnellement; qu'arrivera-t-il dans le cas
contraire? Dans la pratique, en effet, la femme subrogeante s'engage presque toujours solidairement avec son mari au paiement
de la dette. Dans ces conditions, nous pensons que la femme,
bien qu'elle ait conservé une hypothèque préférable à celle qui
a été cédée, ne pourra pas l'opposer au subrogé, en même temps
son créancier personnel, qui, à ce titre, lui opposerait la maxime :
quem de evictione tenet actio, eumdem agentem repellit exceptio;
elle est tenue personnellement de la dette, elle a pris l'engagement de n'apporter aucune entrave au paiement qui pourrait la
délier de son obligation? Telle est la solution que nous croyons
bonne, dans le cas où la femme a conservé l'hypothèque préférable à celle qu'elle a cédée. Mais il peut se faire qu'elle se soit
dépouillée de cette première hypothèque en faveur d'un tiers ; ou
que même la conservant, elle ait d'autres créanciers personnels
que le subrogé; comment réglerons-nous leur situation respective,
le premier cessionnaire pourra-t-il repousser et faire passer après
lui les subrogés postérieurs ou les créanciers chirographaires qui
se présentent au nom de la femme, en invoquant l'article 1166,
et veulent exercer avant lui l'hypothèque que la loi a gratifiée du
premier rang?

168. Supposons d'abord que la femme, après la première subrogation, a consenti à un tiers une subrogation à l'hypothèque
qu'elle avait conservée. Du moment que la femme s'est personnellement obligée envers le premier subrogé, ou qu'elle lui a
garanti par une clause particulière la solvabilité de son mari, le
subrogé devra primer la femme, et par suite, le second cessionnaire, son ayant cause; elle n'a pu, en effet, en cédant l'autre
hypothèque à un tiers, anéantir le droit de préférence qu'elle

avait déjà conféré ; elle est tenue de laisser passer le premier subrogé avant elle, c'est une conséquence inévitable de son obligation par laquelle elle a promis au créancier de ne rien faire contre lui; or, si elle n'avait plus le droit à la première collocation, elle n'a pu le transmettre; la seconde cession n'intéresse pas le créancier, elle est pour lui *res inter alios acta*. Mais, dira le second cessionnaire, l'hypothèque qui m'a été cédée est, par sa nature, préférable à la première; et en acquérant cette hypothèque, je n'ai pas du tout succédé à l'obligation personnelle de la femme; le successeur particulier n'est pas tenu des obligations de son auteur; la nature de la garantie que j'ai acquise n'a pas été modifiée par l'obligation de la femme, qui ne l'a pas affectée réellement à son engagement.

160. M. Mourlon, dans son *Traité des Subrogations personnelles*, donnait raison au second subrogé, et ne trouvait rien à répondre à son raisonnement. Il est revenu sur sa décision dans son *Traité de la Transcription*, avec de très-bonnes raisons. La femme a conservé une hypothèque du premier rang; mais en garantissant la solvabilité du mari, elle a implicitement promis que la créance garantie par la subrogation serait payée, et promettre qu'une créance sera payée, c'est s'engager à s'abstenir, à ne pas faire valoir à l'encontre de l'hypothèque cédée une autre hypothèque ou tout autre droit propre à l'empêcher d'avoir son effet. Enfin, s'engager à ne pas mettre l'hypothèque retenue en conflit avec l'hypothèque cédée, c'est tacitement y renoncer en faveur de son cessionnaire et dans la limite de son intérêt; car on ne peut admettre que la cédante ayant promis de faire valoir se soit réservé le droit d'éluder ses engagements, en cédant l'hypothèque conservée à un tiers qui serait ainsi préféré au premier. Il y a donc là véritablement une renonciation tacite à l'hypothèque légale, l'hypothèque cédée en premier lieu est au premier rang, l'hypothèque retenue est pour le cessionnaire comme éteinte; par suite de cette extinction, l'hypothèque cédée se trouve naturellement améliorée, se transforme en un droit

réel, absolu, opposable aux ayants cause de la cédante comme à la cédante elle-même.

170. Le raisonnement que nous venons d'exposer a une grande apparence de logique, sa conclusion est séduisante et paraît juste. Nous ne pouvons pas cependant admettre cette opinion, et nous pensons que M. Mourlon aurait mieux fait de s'en tenir à la décision donnée dans ses *Subrogations*. Lors même qu'on admettrait le point de départ de son raisonnement, on s'aperçoit vite qu'il conduit à des conséquences inadmissibles, surtout pour ceux qui pensent, comme nous, qu'une renonciation tacite entraîne subrogation à l'hypothèque. « La femme, dit-il, a tacitement renoncé à l'hypothèque qui doit venir au premier rang par la première subrogation; » cette manière de voir nous paraît tout à fait contraire à l'intention des parties; en s'expliquant formellement sur la portée de la subrogation, la femme a voulu faire quelque chose d'utile; elle a voulu conserver l'hypothèque préférable à celle qu'elle cédait, non pour s'en servir elle-même et pour l'opposer elle-même au subrogé, puisque, nous venons de le voir (n° 167), par son engagement personnel, elle est tenue sur tous ses biens à son égard, y compris même les immeubles attribués à cette première hypothèque; elle l'a conservée pour pouvoir en disposer, pour la céder à un tiers en cas de besoin. Le subrogé le savait, il a accepté cette situation, de quoi se plaindrait-il? Et si dans ces conditions tout engagement personnel de la femme devait entraîner renonciation tacite et subrogation, pourquoi limiter le droit cédé et ne pas lui céder en même temps cette première hypothèque? Ce serait donc pour frauder le tiers qui, voyant cette hypothèque libre, l'accepterait avec confiance, et serait primé par un subrogé qui ne se serait pas fait connaître; ce subrogé serait alors complice de la fraude, et nul ne peut arguer de son infamie. La conclusion est inacceptable.

171. Et quant au fondement, quant au point de départ de ce raisonnement, est-il bien vrai? De ce que la femme, par son en-

gagement, s'est mise dans l'impossibilité d'opposer personnellement l'hypothèque conservée, elle n'y a du reste aucun intérêt, suit-il nécessairement que le cessionnaire de cette hypothèque ne puisse l'opposer au premier subrogé? Pas le moins du monde. Voyons bien ce qui s'est passé : nous trouvons dans cette première convention deux contrats parfaitement distincts, d'un côté, engagement personnel de la femme, obligation chirographaire; de l'autre, cession d'une garantie spéciale, mais limitée, déterminée; tout le reste du patrimoine de la femme demeure libre entre ses mains. La femme a pris l'engagement de payer le créancier, c'est vrai, mais non de le payer sur le montant de la collocation attribuée à l'hypothèque qu'elle a conservée; elle a engagé tous ses biens, mais elle s'est réservée le droit de disposer de telle chose à son égard comme à l'égard de tout créancier chirographaire; et elle a montré formellement cette intention en réduisant la cession à une seule hypothèque secondaire. Nous admettons bien mieux le raisonnement du second subrogé : il a su que l'hypothèque conservée appartenait tout entière à la femme, que celle-ci pouvait en disposer librement, il l'a acceptée en toute confiance; il n'est pas responsable de l'obligation de la femme, l'ayant cause à titre particulier n'est aucunement tenu des engagements de son auteur; entre lui et le premier subrogé, il ne peut s'élever aucune difficulté, ils n'ont pas plus de relations ensemble que les deux hypothèques distinctes dont ils sont cessionnaires; il a reçu l'hypothèque telle qu'elle était, avec son droit de primauté, et il la fait valoir. Donc, pour conclure, le tiers subrogé à l'hypothèque qui est préférable prime le créancier subrogé avant lui à une hypothèque inférieure; sauf pour ce dernier le droit de se faire indemniser par la femme si elle n'a pas tenu son engagement, droit à des dommages-intérêts qui seront du montant de la créance ou partie de créance non payée.

172. Supposons maintenant que la femme n'a fait aucune cession de l'hypothèque par elle conservée, mais qu'elle a des créanciers chirographaires qui prétendent au nom de l'article 1166

exercer cette hypothèque, et ne veulent pas se laisser primer par le subrogé à l'hypothèque inférieure. Le subrogé, fort de l'engagement de la femme et de l'hypothèque obtenue, oppose aux créanciers l'obligation dont la femme est tenue de le laisser passer avant elle sur le prix des immeubles du mari ; il leur objecte que comme créanciers de la femme, ils ne peuvent, venant en son nom, avoir plus de droits qu'elle ; qu'ils n'ont pas le droit d'employer contre lui un moyen dont la débitrice n'aurait pas pu se servir.

173. Les créanciers chirographaires ne se laisseront pas abattre par ce raisonnement, et lui répondront justement que, dans la circonstance, ils ont plus de droits que la femme. Comment, lui diront-ils, empêchez-vous la femme de concourir avec vous sur les immeubles de son mari ? Ce n'est pas en qualité de subrogé, puisque l'hypothèque conservée que nous voulons exercer est préférable à la vôtre ; c'est donc seulement en qualité de créancier ; mais nous aussi nous sommes créanciers comme vous ; comme vous la femme est tenue de nous payer sur les biens que lui assure le rang de son hypothèque ; ses actions vous appartiennent comme à nous ; vous n'êtes à cet égard qu'un simple créancier chirographaire. Vous avez une hypothèque spéciale sur certains biens, vous avez le droit de vous en prévaloir, exercez-la seul ; mais vous n'avez aucun privilége sur le reste du patrimoine, vous avez un droit égal au nôtre, exerçons-le ensemble, nous concourrons sur les biens attribués à cette hypothèque qui nous appartient en commun (2092), et qui viendra avant l'hypothèque du rang inférieur sur laquelle vous avez un droit exclusif.

174. En résumé, quand, après une subrogation, la femme a conservé l'hypothèque du premier rang, elle ne peut, dans l'hypothèse d'un engagement personnel, opposer elle-même cette hypothèque au subrogé ; mais si elle l'a cédée, le subrogé sera primé par le cessionnaire ; si, l'ayant gardée, elle a des créanciers chirographaires, ceux-ci concourront avec le subrogé au rang de cette hypothèque.

175. b. Nous arrivons à notre seconde hypothèse. La femme a

cédé seulement une part aliquote de ses droits hypothécaires, ou une part aliquote de telle hypothèque garantissant une créance déterminée. Les solutions sont les mêmes que celles données précédemment. Le cessionnaire a dans ce cas des droits égaux à ceux de la femme, si elle ne s'est pas engagée personnellement, puisqu'ils sont chacun propriétaires d'une portion indivise de l'hypothèque cédée, ils partageront les bénéfices chacun dans la proportion de sa copropriété. La disposition de l'article 1252, fondée sur la nature particulière de la subrogation par suite de paiement : *nemo contra se subrogasse videtur*, ne pourrait être étendue à notre subrogation à l'hypothèque, qui n'a de commun avec la première que le nom ; nous ne pouvons admettre l'opinion qui assimile les deux subrogations, et soutient que le créancier, bien qu'il n'ait été que partiellement subrogé à l'hypothèque de la femme, lui serait toujours préférable ; ce résultat nous paraît contraire à l'intention des parties.

176. Lorsque la femme s'est obligée personnellement envers le créancier, si elle se présente elle-même à l'ordre, elle ne peut apporter aucun obstacle au paiement du créancier de son mari, qui est en même temps le sien ; elle ne pourra pas lui opposer la portion d'hypothèque conservée pour venir en concours avec lui. Mais si elle a cédé à un tiers la portion conservée, si elle a successivement subrogé plusieurs créanciers à des portions déterminées de son droit, le premier subrogé ne jouira d'aucune préférence sur les autres ; ils partageront, dans la proportion de leurs créances respectives, le montant de la collocation obtenue du chef de la femme. Si la femme, ayant conservé son hypothèque, a des créanciers chirographaires, ceux-ci agissant en son nom, loin d'être primés par le premier subrogé, viennent en concours avec lui, sur la portion non aliénée.

177. La raison en est toujours que l'engagement personnel contracté par la femme a sans doute pour effet d'engager son patrimoine tout entier, mais n'emporte aucune affectation spéciale de son hypothèque légale au paiement de la dette, et n'attribue ainsi au créancier aucun droit de préférence sur l'émolu-

ment de cette hypothèque. La seule cause de préférence que le créancier puisse invoquer, se trouve dans la subrogation consentie en sa faveur, et si, comme nous le supposons, cette subrogation n'a été que partielle, il ne peut évidemment la faire valoir que dans la mesure pour laquelle elle lui a été accordée (1).

§ 2. — CESSION D'ANTÉRIORITÉ.

178. Nous venons d'exposer et d'apprécier quelques-uns des principaux effets de la subrogation ou cession de l'hypothèque légale; nous avons encore à comparer, quant aux effets produits, les autres formes que peut revêtir la subrogation ou la renonciation à cette hypothèque. Nous savons ce qu'il faut entendre par cession d'antériorité : c'est, en matière de subrogation à l'hypothèque légale, une interversion de rang hypothécaire entre la femme qui cède le sien et le créancier dont elle va prendre la place ; il faut donc pour cela que le cessionnaire soit déjà un créancier hypothécaire. Doit-on établir des différences entre la cession d'antériorité et la cession de l'hypothèque légale? Quoique peu importantes en pratique, il existe cependant quelques différences entre ces deux opérations, qu'il ne faut pas absolument ment confondre l'une avec l'autre, quant aux effets qu'elles produisent.

179. La cession de l'hypothèque produit son effet, même quand elle est faite à un créancier chirographaire; la cession d'antériorité ne produit d'effet que quand elle est faite à un créancier hypothécaire. Il en résulte que le créancier en faveur duquel a eu lieu la cession d'antériorité, ne peut en profiter pour se faire colloquer au rang du créancier qui l'a consentie, qu'autant que la créance de celui-ci existe encore et que son hypothèque a été conservée. Il en résulte aussi une conséquence plus grave : nous avons vu que, dans le cas d'une subrogation ordinaire, lorsque

---

(1) Mourlon, *Subrog. person.*, p. 552, 575, 610; Bertauld, n° 167 et suiv. Aubry et Rau, p. 288, n°ˢ 19 et 22; *Contra:* Troplong, I, 567; Benech, p. 103 et suiv.

le créancier subrogé n'a pas conservé l'hypothèque conventionnelle qu'il avait obtenue du mari, la femme ne peut pas, en lui
opposant la perte de la garantie sur laquelle elle a pu compter,
l'empêcher d'exercer dans son intérêt l'hypothèque légale qu'elle
lui a cédée ; la femme n'a pas en effet manifesté l'intention de
faire de la conservation de cette sûreté une condition de la subrogation. Le résultat de la cession d'antériorité est tout autre : ici
la subrogeante a parfaitement montré l'intention de se servir de
l'hypothèque du subrogé ; elle a bien voulu conférer son rang
au subrogé, se laisser primer par lui, mais en retour elle a
voulu venir au rang primitif du subrogé, avant les créanciers
que celui-ci primait. Cette solution ne peut faire l'objet d'aucun
doute, nous devons décider que le créancier qui n'aurait pas
conservé son hypothèque ne pourra plus réclamer le rang de la
femme, lorsqu'il ne lui offrira pas le sien qu'il a abandonné à
la subrogeante. Si cette opinion est discutée et repoussée dans le
cas de cession de l'hypothèque, elle est au contraire parfaitement
admise par tous les auteurs dans le cas de cession de rang ou
de priorité, non pas à cause de l'application de l'article 2037,
mais seulement à cause des effets constatés de la cession d'antériorité, fondés sur l'intention des parties. Mais les uns voient
entre les deux conventions une identité absolue, les autres y
voient une différence complète quant aux effets sur ce point.

180. Si le subrogé a obtenu du mari une hypothèque conventionnelle portant sur tous les immeubles, le résultat sera identique dans les deux cas de subrogation ou de cession d'antério-
riorité ; il sera colloqué à la date de l'hypothèque légale pour
tout le montant de sa créance ; la subrogeante sera colloquée au
rang de l'hypothèque conventionnelle si elle y a intérêt : s'il y a
eu cession d'antériorité, ce sera une conséquence de la convention ; s'il y a eu subrogation, ce sera la conséquence de la subrogation légale établie par l'article 1251. Mais la solution sera
toute différente dans le cas où l'hypothèque conventionnelle ne
portera que sur un ou quelques-uns des immeubles du mari : s'il
y a eu subrogation, l'effet sera le même que dans le cas précé-

dent, la subrogation sera générale, le créancier en profitera pour
sa créance tout entière ; s'il y a eu cession d'antériorité, les
effets de cette cession seront réduits aux immeubles soumis à
l'hypothèque conventionnelle. Le subrogé, ne pouvant donner à
la femme qu'une hypothèque spécialement déterminée, ne
pourra exercer l'hypothèque légale que dans la même limite,
c'est-à-dire uniquement sur les immeubles qui lui ont été hypothéqués ; l'hypothèque légale ne se trouvera aucunement modifiée par la cession de priorité quant aux autres immeubles.

181. Cette solution pourrait étonner, car les parties n'ont
formellement posé aucune limite aux effets de la convention, et
on pourrait opposer l'article 1156 sur l'interprétation des contrats : il faut rechercher la commune intention des parties plutôt
que de s'arrêter au sens littéral des termes, or le subrogé a sans
doute voulu acquérir l'hypothèque légale tout entière. Mais il
faut aussi tenir compte des articles 1162 et 1163 : quand il y a
doute, la convention s'interprète contre celui qui a stipulé, et
elle ne comprend que les choses sur lesquelles il paraît que les
parties se sont proposé de contracter. Or, quelle a pu être l'intention des parties en employant cette forme spéciale au lieu de
faire une subrogation ordinaire, sinon d'écarter précisément les
effets de la subrogation générale ? Leur attention a été spécialement attirée sur les immeubles grevés de l'hypothèque conventionnelle, le subrogé a surtout voulu primer la femme sur ces
immeubles, la subrogeante a accepté à la condition de prendre
sa place au rang de son hypothèque sur ces mêmes immeubles.
Si les contractants entendent parler de l'hypothèque entière, générale, rien ne leur est plus facile que de s'en expliquer formellement ; dans le cas contraire, le créancier, ne pouvant donner
qu'une hypothèque restreinte, ne recevra qu'une hypothèque
restreinte, mais préférable. Il y aura eu subrogation limitée aux
immeubles sur lesquels porte l'hypothèque conventionnelle.

§ 3. — RENONCIATION AU PROFIT DES CRÉANCIERS SUBROGÉS.

A. *Renonciation expresse.*

182. La renonciation à l'hypothèque légale est transmissive, transmet l'hypothèque au subrogé et équivaut à une cession de ce droit ; ou abdicative, éteint l'hypothèque légale dans l'intérêt du subrogé. Quels sont les effets de la renonciation considérée sous ses deux faces différentes? Il est d'abord à remarquer que la renonciation n'a jamais d'effet qu'au point de vue des rapports des parties entre lesquelles elle intervient ; elle est et doit demeurer pour les tiers *res inter alios acta.* La condition de la subrogeante et celle du subrogé sont seules changées; la condition des créanciers intermédiaires n'en est pas du tout modifiée, elle reste ce qu'elle serait à supposer l'hypothèque intacte entre les mains de la renonçante. Pour déterminer quel effet elle produira entre les parties, il faut distinguer sa nature ; est-elle transmissive ou abdicative?

183. La renonciation transmissive est une véritable subrogation et en produit tous les effets; il y a entre elles cette seule différence que la cession de l'hypothèque est tacite et implicitement contenue dans la renonciation, tandis qu'elle est formelle et expresse dans la subrogation ; mais les effets des deux conventions sont identiques; sous ce rapport, renonciation transmissive et subrogation sont synonymes. Le résultat éventuel ou le bénéfice de l'hypothèque abandonnée par la femme appartient au mari qui en a implicitement obtenu la cession ; il passera avant la renonçante.

184. La renonciation abdicative est une simple promesse d'abstention; la femme s'engage à ne pas se servir de son hypothèque contre le créancier. Elle a pour effet d'éteindre, à l'égard de la renonçante et du bénéficiaire de la renonciation seulement, et dans leurs rapports l'un avec l'autre, l'hypothèque légale. Par conséquent le créancier dans l'intérêt duquel elle a

lieu ne peut se prévaloir du droit hypothécaire contre qui que ce soit. Dans ses rapports avec le créancier, la renonçante devient simplement créancière chirographaire; mais elle demeure en même temps créancière hypothécaire à l'égard de tous les autres créanciers; le seul but de la renonciation extinctive est de faire concourir la femme avec le bénéficiaire de la renonciation, au lieu de l'exclure au moyen de l'hypothèque légale.

185. Quelques exemples feront mieux comprendre la situation respective de chacune des parties intéressées. Supposons qu'il y ait des créanciers pour 100,000 fr. et que l'immeuble vendu n'ait donné que 70,000 fr. Les hypothèques se placent dans l'ordre suivant :

La renonçante pour	20,000 fr.
Primus	40,000
Secundus	20,000
Tertius, bénéficiaire de la renonciation.	20,000
	100,000

A l'égard de Primus et de Secundus, la femme est toujours créancière hypothécaire; ils prendront 50,000 fr.; sur les 20,000 qui restent, Tertius n'a droit qu'à 5,000 fr., car Primus et Secundus, dont les hypothèques se montent à 60,000, ne lui laissent que 10,000, sur lesquels il est obligé de subir le concours de la femme, celle-ci n'ayant renoncé à son hypothèque à son égard que pour le cas où elle lui porterait préjudice. Les créanciers seront donc colloqués dans l'ordre suivant :

La renonçante pour	15,000
Primus	40,000
Secundus . . . :	10,000
Tertius.	5,000
	70,000

186. Si l'immeuble ne donne que 60,000 fr., Tertius, étant déjà exclu par Primus et Secundus, ne pourra

prétendre à rien, la renonciation lui aura été complétement inutile; la femme aura donc intérêt à ce que le prix de l'immeuble soit le moins élevé possible, pourvu qu'il couvre sa créance.

La collocation aura lieu dans l'ordre suivant :

La renonçante pour 20,000
Primus. 40,000
————
60,000

Tertius n'aura rien, car le résultat serait identique, lors même que la femme n'aurait pas été colloquée.

187. Reprenons le premier exemple : l'immeuble donne 70,000 fr.; outre les créanciers énumérés plus haut, il se trouve deux autres créanciers chirographaires pour 20,000 fr. chacun. Primus et Secundus auront toujours 50,000 fr.; la renonçante enlèvera 10,000 à Secundus, sur lesquels le bénéficiaire de la renonciation ne peut rien prétendre; les 10,000 qui restent se partageront entre Tertius pour un quart, la renonçante pour les trois quarts; car les deux créanciers chirographaires concourent avec Tertius, et prendraient chacun un quart s'ils n'étaient primés par l'hypothèque de la femme, qui bénéficiera de leur présence.

Les 70,000 fr. seront ainsi répartis :

Pour la femme. 17,500
Primus 40,000
Secundus 10,000
Tertius. 2,500
————
70,000

Les créanciers chirographaires n'auront jamais rien. Aussi, voyant 80,000 fr. d'hypothèques inscrites, ils pourront bien ne pas se présenter; dans ce cas, la femme pourra-t-elle les compter comme s'ils étaient venus à l'ordre pour profiter de leur concours avec le bénéficiaire de la renonciation? Nous pensons qu'elle le pourra, car, sans son hypothèque légale, ces créanciers seraient bien venus; or, il faut considérer que pour Tertius, l'hypothèque est éteinte, et qu'il s'attend à subir le concours des créanciers chirographaires ; ceux-ci n'ont donc, à son égard, aucune bonne raison pour ne pas se présenter.

188. On voit que les effets produits par la promesse d'abstention sont bien plus restreints que ceux d'une subrogation, ils peuvent même quelquefois être nuls; dans tous les cas, le bénéficiaire d'une renonciation abdicative a une sûreté bien moins grande que le subrogé. Mais un des effets bizarres de cette convention est que, moins il y a de sommes à partager, ou plus il y a de créanciers chirographaires, plus la collocation de la renonçante est élevée; aussi les parties stipulent rarement une telle renonciation; presque toujours elles ont en vue dans la renonciation la transmission de l'hypothèque, la subrogation.

B. *Renonciation tacite.*

189. Ce que nous avons dit de la renonciation expresse doit s'appliquer également à la renonciation tacite. Cela était admis dans l'ancien droit, il n'en peut être autrement aujourd'hui, il n'y a pas de différence à établir entre les effets des deux formes de la renonciation; on peut discuter sur la portée de tel ou tel acte duquel on veut induire la renonciation, mais quand on est d'accord sur ce point, il n'y a plus de discussion possible quant aux effets; la femme est liée des deux façons avec la même étendue. Ce n'est pas l'avis de M. Bénech, qui fait une grande différence entre la renonciation expresse et la renonciation tacite, en ce que, dans la première, la femme parlant au contrat sur l'hypothèque, elle ne peut se faire illusion sur les effets de sa concession; tandis que, dans la seconde, elle garde le silence, sa volonté ne peut être préjugée de la même manière. La jurisprudence a complétement condamné cette opinion.

190. La difficulté de notre sujet est de savoir précisément dans quel cas il y a subrogation tacite, de quels faits elle résulte. Nous devons, pour en décider, passer en revue plusieurs cas. — a. La femme se porte caution, s'oblige solidairement ou conjointement avec son mari envers un créancier purement chirographaire du mari : l'acte souscrit implique-t-il de sa part renonciation ou subrogation à son hypothèque légale au profit du créancier?

Non, disait M. Mourlon dans son *Traité des subrogations*; la convention dont il s'agit doit être entendue strictement (1162); la renonciation ne doit pas être facilement présumée; *nemo contra se ipsum agere censetur*; il ne faut l'adopter que quand l'intention est manifeste et formellement exprimée; or l'engagement solidaire de la femme s'explique très-bien sans la renonciation à l'hypothèque légale. Oui, dit-il dans son *Traité de la transcription*, voilà les raisons qui l'ont fait changer d'avis : dans tous les cas où la femme s'est personnellement engagée, soit en même temps que son mari et par le même acte, soit postérieurement et par un acte séparé, envers un créancier hypothécaire ou chirographaire de son mari, la raison de décider est toujours la même ; l'obligation entraîne forcément la renonciation tacite à l'hypothèque légale. En effet, se porter garant de la dette d'un tiers, s'obliger solidairement avec lui envers le créancier, c'est promettre à ce créancier qu'il sera payé, c'est s'engager à ne rien faire qui puisse lui nuire et à ne pas mettre en travers de son droit les droits qu'on peut avoir soi-même sur le véritable débiteur, ce qui implique en sa faveur renonciation à ces mêmes droits.

191. Nous avons déjà démontré le vice de ce raisonnement, nous avons besoin d'y revenir pour mieux affirmer l'opinion contraire que nous adoptons. Par cela seul que l'on se porte garant envers un créancier chirographaire d'un tiers, ce n'est pas une raison suffisante pour en conclure qu'on a l'intention de renoncer spécialement en sa faveur à invoquer les droits dont l'exercice pourrait lui nuire. Autrement, si on arrivait à cette conclusion, il faudrait la généraliser, et on arriverait à des conséquences impossibles; on serait obligé d'admettre que la caution ou le débiteur solidaire, par exemple, devrait, dans tous les cas, vu l'insolvabilité du débiteur principal, renoncer contre lui à toute action qui pourrait nuire au créancier, lors même que cette action aurait une cause tout à fait indépendante de l'obligation ou du cautionnement; en un mot, par le cautionnement, on renoncerait à tous ses droits contre le débiteur en faveur du créancier. Est-ce une conséquence admissible?

192. L'obligation personnelle de la femme a bien pour effet nécessaire de conférer au créancier le droit de gage général selon les articles 2092 et 2093, même le pouvoir d'exercer les droits hypothécaires de la débitrice d'après l'article 1166; mais ce droit et ce pouvoir sont communs à tous les créanciers indistinctement qui, sauf dans le cas où ils ont obtenu une garantie spéciale, concourent sur l'ensemble du patrimoine qui est leur gage. Il vaut mieux admettre la première opinion émise par M. Mourlon; elle est plus naturelle, plus logique, plus conforme à l'intention probable des parties. Comment! le créancier ne pense pas à se faire concéder une hypothèque conventionnelle par le mari débiteur, ou il ne peut l'obtenir, et on admettrait comme vraisemblable que la femme ait voulu lui conférer une garantie spéciale, un de ses droits les plus chers, qu'elle tient en réserve pour les créanciers qui ne voudront traiter ni avec elle ni avec son mari sans une complète sûreté; n'est-ce pas du reste la faute du créancier qui a été trop négligent ou qui a eu trop de confiance? Les créanciers qui auront pris leurs précautions et exigé la cession de l'hypothèque doivent-ils être responsables de ses torts? Que l'on considère enfin les conséquences de cette opinion : si engagement personnel de la femme signifie par lui-même renonciation ou subrogation à l'hypothèque légale, il deviendra complétement inutile de les exprimer formellement dans les actes, les créanciers du mari qui exigeront le concours de la femme à l'acte, seront de plein droit subrogés sans qu'il soit question de subrogation dans l'acte; cela sera toujours sous-entendu. Et lorsque l'engagement de la femme se trouvera dans un acte sous seing privé, la subrogation y sera-t-elle encore comprise? Et alors que deviendront les règles établies par la loi de 1855 sur l'authenticité et la publicité des actes contenant subrogation ou renonciation à l'hypothèque légale? La loi sera inutile et deviendra lettre morte, c'est le résultat nécessaire de cette tolérance, contraire à toutes ses intentions.

193. *b.* Lorsque au contraire le mari a consenti à son créancier une hypothèque sur un de ses immeubles soumis à l'hypothèque

légale, et qu'en outre la femme s'est obligée personnellement envers lui, il faut distinguer : 1° la femme se porte partie en même
temps que son mari dans l'obligation contractée par ce dernier, et
dans la constitution d'hypothèque conventionnelle qu'il consent. On
reconnaît unanimement qu'il résulte de cette obligation et de la
constitution d'hypothèque une renonciation tacite de la femme à
son hypothèque légale au profit du créancier hypothécaire. Et la
raison en est bien simple : c'est que le mari, pour hypothéquer
ses biens, n'a aucunement besoin de l'assistance de sa femme ;
quelle a donc été la commune intention du créancier et du mari
en faisant accéder la femme au contrat hypothécaire? La simple
obligation personnelle de la femme le rendrait bien son créancier
chirographaire, mais quelle garantie cela lui donnera-t-il de
plus? aucune. L'intention du mari a été certainement d'amener
sa femme à renoncer à son hypothèque au profit du créancier,
afin que l'obstacle qui lui inspire des craintes et le fait hésiter à
contracter, disparaisse absolument pour lui ; et le créancier qui
a été assez diligent pour exiger du mari une constitution d'hypothèque, a voulu évidemment obtenir une sûreté sérieuse.

194. 2° Si la femme s'oblige solidairement avec son mari,
mais ne figure pas comme partie dans la constitution d'hypothèque, faut-il encore voir dans cet engagement un acquiescement
à l'obligation du mari et à la constitution d'hypothèque, par conséquent renonciation à l'hypothèque légale? C'est notre avis ; en
principe oui, mais ici il faudra tenir un grand compte de l'intention des parties, qui ne s'est pas manifestée d'une façon aussi
claire et aussi sensible que dans le cas précédent.

195. 3° Lorsque la femme n'accède à l'obligation qu'après
coup, mais en déclarant s'associer complétement à l'obligation
hypothécaire de son mari, il faudra voir dans cet engagement
tardif une renonciation à l'hypothèque légale. Si la femme déclarait seulement s'associer à l'obligation de son mari, sans parler de la constitution d'hypothèque, nous prendrions simplement
l'engagement comme il se présente, c'est-à-dire comme une obligation personnelle, et nous déciderions, d'après notre première

solution, qu'il n'y a pas renonciation tacite à l'hypothèque.

196. *c*. La loi veut que l'exécution des jugements soit garantie par une hypothèque ; tout jugement qui condamne l'une des parties soit à payer une somme d'argent, soit à faire ou à ne pas faire quelque chose, emporte hypothèque. Le jugement de condamnation prononcé contre les époux obligés solidairement entraîne-t-il subrogation à l'hypothèque légale ? Nous ne le pensons pas ; le jugement ne peut accorder aucune modification à l'hypothèque de la femme, et faire que le premier créancier chirographaire qui aura obtenu une condamnation solidaire contre les époux, jouisse d'un droit de préférence emprunté à la femme contre les autres créanciers qui concourent avec lui. Du reste, l'hypothèque qui résulterait de ce jugement en faveur du poursuivant, ne pourrait porter que sur les biens de la femme qui sont susceptibles d'hypothèque ; mais on sait que ni son hypothèque légale, ni ses droits et reprises, ne sont susceptibles d'être hypothéqués. Transformer l'hypothèque judiciaire en une cession de l'hypothèque légale serait, à notre avis, bien contraire au vœu de la loi et à l'intention des parties.

197. *d*. Nous avons toujours supposé jusqu'ici une obligation solidaire résultant d'un acte volontaire des époux ; supposons maintenant que la loi décide, dans certains cas, que les époux seront tenus solidairement, et que nous nous trouvons dans un de ces cas. Les biens du mari se trouvent grevés d'une hypothèque, à partir du jour de l'obligation. Faut-il décider que la condamnation solidaire jointe à cette hypothèque doit entraîner subrogation tacite à l'hypothèque légale ? Non, car ici encore on peut expliquer ce jugement de condamnation solidaire autrement que par l'intention de renoncer à l'hypothèque. De ce que les parties ont laissé prendre sur leurs biens une hypothèque judiciaire, il ne résulte pas nécessairement que la femme ait eu l'intention de céder son hypothèque légale ou d'y renoncer en faveur du créancier (1).

---

(1) Aubry et Rau, auteurs et arrêts cités, § 288 *bis*, note 10.

§ 4. — Renonciation au profit des tiers acquéreurs des
immeubles du mari.

A. *Renonciation expresse.*

198. En principe, sauf exception, tous les immeubles du mari
sont soumis à l'hypothèque légale de la femme (2122); l'acquéreur de ces immeubles devra donc bien se mettre en garde contre
les dangers que peut lui causer l'exercice de cette hypothèque.
Dans cette hypothèse, si la femme renonce au profit de l'acquéreur
à son hypothèque légale, ce n'est plus, comme dans le cas de subrogation accordée au créancier du mari, dans l'intention d'étendre le crédit de celui-ci, qui n'en a nullement besoin, c'est
uniquement pour lever l'obstacle qui s'oppose à la libre circulation de ses biens, en les déchargeant de l'hypothèque légale.
L'acquéreur n'a pas en général besoin d'une subrogation, il n'a
pas à exercer activement le droit hypothécaire de la femme; il
veut seulement purger l'immeuble qu'il acquiert de l'hypothèque
légale ou obtenir de la femme qu'elle lui en assure et garantisse,
en ce qui la concerne, la propriété paisible et incommutable;
pour cela la renonciation suffit; c'est ce qui a lieu le plus souvent. L'acquéreur a un très-grand intérêt à ce que l'hypothèque
ne puisse plus lui être opposée, dans certains cas même à ce
qu'elle lui soit transmise; et cet intérêt se manifeste tant au
point de vue du droit de suite qu'au point de vue du droit de
préférence.

199. Le droit de suite est un droit opposable aux tiers détenteurs de l'immeuble hypothéqué, en vertu duquel le créancier
peut atteindre son gage partout où il le trouve en contraignant
celui qui le possède à lui payer tout ce qui lui est dû, s'il ne
préfère délaisser l'immeuble ou en subir l'expropriation. Pour
se soustraire à ces conséquences désagréables et quelquefois
désastreuses, l'acquéreur est tenu de purger, c'est-à-dire d'offrir
aux créanciers hypothécaires le paiement de leurs créances jus-

qu'à concurrence de son prix d'acquisition ; cette opération ne peut causer que des ennuis, souvent des pertes d'argent, au tiers acquéreur. La purge des hypothèques légales est encore plus minutieuse et présente plus d'inconvénients que la purge des hypothèques inscrites. On comprend donc quel immense avantage a l'acquéreur d'un immeuble du mari à pouvoir considérer comme éteinte à son profit l'hypothèque de la femme, par conséquent à se soustraire à l'obligation de la purge. En effet, qu'il ait payé ou qu'il n'ait pas payé son prix d'acquisition, il peut toujours craindre les effets du droit de suite, c'est-à-dire la dépossession ; il emploie le moyen de la purge, mais ses offres peuvent être refusées ; l'immeuble lui sera enlevé, pour être vendu aux enchères, et s'il tient à en avoir la propriété, il sera obligé d'augmenter son prix dans une assez forte proportion. Si la femme renonce à son hypothèque, par conséquent à son droit de suite, l'acquéreur sera sûr de conserver l'immeuble et pourra payer son prix en toute sécurité, s'il n'y a pas d'hypothèque inscrite.

200. Le droit de préférence est un droit également opposable à l'acquéreur d'un immeuble hypothéqué, en vertu duquel le créancier hypothécaire doit obtenir avant tous autres son paiement sur le prix de l'immeuble affecté de l'hypothèque. L'acquéreur d'un immeuble du mari a aussi un grand intérêt, soit à ce qu'on ne puisse pas lui opposer ce droit de préférence, soit à pouvoir lui-même l'opposer à des créanciers qui auraient des droits sur l'immeuble. Ainsi l'immeuble acquis était soumis d'abord à l'hypothèque légale, puis à des hypothèques conventionnelles dont le montant égalait le prix d'acquisition ; si la femme renonce à son hypothèque en faveur de l'acquéreur, si elle consent à ne pas la lui opposer, les autres créanciers hypothécaires, qui seront payés intégralement sur le prix, n'auront aucun intérêt à faire une surenchère qui amènerait la dépossession de l'acquéreur. Une distinction est ici nécessaire :

201. 1° L'hypothèque légale de la femme grève seule l'immeuble acquis, l'acquéreur n'a pas payé son prix : quel effet produira

la renonciation de la part de la femme? Nous ne croyons pas que dans ce cas il y ait renonciation translative, que l'aliénation consentie par les deux époux opère nécessairement au profit de l'acquéreur le transport de tous les droits des vendeurs, et emporte par sa nature la cession des droits que l'un et l'autre avaient sur la chose; nous ne voyons là qu'une renonciation abdicative, la femme promet de ne pas se servir de son hypothèque contre l'acquéreur, celui-ci n'aura rien à craindre de personne, la renonciation produit complétement l'effet de la purge. Mais cette extinction de l'hypothèque est toute relative, limitée aux rapports des parties contractantes ; l'hypothèque légale reste entière à l'égard de tous autres; la femme a perdu son droit de suite, et conservé son droit de préférence qui lui permet de primer tous les créanciers chirographaires de son mari, et de se faire payer sur le prix tant qu'il est entre les mains de l'acquéreur. Dans ces conditions l'acquéreur n'a que faire d'une renonciation transmissive, une renonciation abdicative lui suffit complétement ; et il n'a pas eu l'intention d'obtenir autre chose.

202. Lorsque l'acquéreur a payé une partie de son prix, il a un grand intérêt à ce que le droit de préférence de la femme soit éteint en même temps que le droit de suite; si la femme conservait son droit de préférence, il serait obligé de payer une seconde fois la partie de son prix donnée au mari; tandis que si la renonciation entraîne la perte du droit de préférence, l'acquéreur n'aura rien à craindre; la femme peut, en effet, opposer son droit de préférence aux créanciers chirographaires du mari, et ne peut pas l'opposer à l'acquéreur pour le faire payer une deuxième fois. La renonciation est encore ici abdicative; peu importe à l'acquéreur que l'hypothèque lui soit ou non transmise.

203. 2° Quand il y a sur l'immeuble vendu, entre l'hypothèque légale de la femme, des hypothèques d'un rang inférieur à celle-ci, les choses ne peuvent plus se passer de la même manière; la renonciation de la femme est susceptible d'être interprétée d'autant de façons que nous avons vu interpréter la renonciation au

profit du créancier du mari. Il faut que l'acquéreur s'arrange de manière à être sûr de ne rien perdre, grâce à la renonciation; quel droit devra-t-il obtenir? L'immeuble a été vendu 60,000 fr., il était soumis aux hypothèques suivantes :

La femme, pour.	20,000 fr.
Primus	40,000
Secundus.	30,000
TOTAL.	90,000

a. La femme renonce à son droit d'hypothèque *erga omnes*, la renonciation est complétement extinctive, l'acquéreur devra encore payer deux créanciers hypothécaires.

b. La femme, au lieu de renoncer à son hypothèque *erga omnes*, l'éteint seulement au profit de l'acquéreur, la renonciation est une simple promesse d'abstention; la femme n'exercera pas son hypothèque si elle doit causer quelque préjudice à l'acquéreur, mais elle la conserve entière contre les autres.

c. La femme peut, en renonçant à son hypothèque, donner à l'acquéreur une garantie plus sérieuse; elle lui transmet le droit d'exercer à son profit le droit de préférence, c'est une renonciation transmissive qui conférera au créancier la situation de la femme.

204. Quelle est la meilleure de ces trois interprétations; quel est l'effet de la renonciation sur le droit de préférence de la renonçante? Il nous paraît bien difficile d'établir en cette matière une règle fixe qui devra être appliquée indistinctement dans tous les cas; la solution sera toujours pour nous, dans le silence des parties, la réponse à cette question : quelle a été l'intention des parties, quel intérêt avait l'acquéreur à exiger et à se faire accorder une renonciation abdicative ou une renonciation transmissive? Nous sommes tout à fait ici de l'avis de M. Mourlon, quand il conseille de ne pas s'arrêter aux apparences du contrat, de bien examiner les termes de l'acte, les circonstances de la cause; de bien considérer l'intention de l'acquéreur, les rapports des parties entre elles, enfin tous autres indices qui pourront

mettre sur la trace de la vérité. La femme a-t-elle déclaré qu'elle renonce à son hypothèque et y subroge; qu'elle renonce à son hypothèque et met l'acquéreur en son lieu et place; d'un autre côté, l'acquéreur a-t-il un intérêt marqué à pouvoir invoquer l'hypothèque de la femme, nous déciderons sans hésiter que la renonciation est transmissive. La femme a-t-elle déclaré s'engager seulement à ne pas se prévaloir de son hypothèque contre l'acquéreur; ou renoncer à son hypothèque pour affranchir l'acquéreur des formalités et des frais de la purge; l'acquéreur, de son côté, n'a-t-il aucun intérêt à devenir cessionnaire de l'hypothèque : pourrons-nous voir là autre chose qu'une renonciation abdicative?

205. Quand déciderons-nous que le bénéficiaire de la renonciation a intérêt à ce qu'elle soit plutôt transmissive qu'abdicative, et réciproquement? — a. Tant que l'acquéreur n'a pas payé son prix au mari vendeur, il n'a pas d'intérêt à priver la femme de son droit de préférence pour l'avoir lui-même à sa disposition; une renonciation purement abdicative lui suffit pour le mettre complétement à couvert; cette renonciation aura pour but de lui éviter les frais et les ennuis d'une purge de l'hypothèque légale. Dispensé de faire cette purge, l'acquéreur est néanmoins obligé d'opérer la purge des autres hypothèques inscrites : si les créanciers ne surenchérissent pas et acceptent les offres faites dans la notification, il n'y a pas de difficultés, l'acquéreur reste en possession, et la femme conserve sur le prix son droit de préférence; si les créanciers font une surenchère du dixième, l'acquéreur sera évincé; cette surenchère est un effet indirect du droit de préférence de la femme, si elle persiste à le conserver contre les créanciers inscrits; sans la femme, les créanciers n'auraient pas fait surenchère; cela est évident dans l'exemple suivant : trois créanciers hypothécaires :

La femme pour . . . . 30,000 fr.
Primus. 30,000
Secundus. 30,000
TOTAL. 90,000

L'immeuble est vendu 60,000 fr., l'acquéreur peut-il, pour arrêter la surenchère, faire déclarer que la femme, ayant renoncé à son droit de préférence, n'a pas droit à une collocation de 30,000 fr.

206. Après avoir consulté la pratique, M. Mourlon répond : Non ; vouloir que la renonçante, sacrifiant son droit de préférence, arrête la surenchère, c'est dire qu'elle a pris l'engagement de mettre l'acquéreur à l'abri de toute espèce de trouble ou de l'indemniser si elle n'y réussit pas ; c'est par conséquent la rendre garante de la vente, intention qu'elle n'a jamais eue. La femme a promis son abstention ; elle s'est engagée à ne pas agir contre lui par surenchère, mais elle ne s'associe pas solidairement à la garantie de son mari vendeur. (Argument d'analogie, art. 772, C. pr.) Même quand la femme a joint à sa renonciation un engagement solidaire, une promesse de garantie, elle est bien tenue d'arrêter la surenchère, ou d'indemniser l'acquéreur si elle ne le peut pas ; mais son intention n'est pas d'atteindre ce but par le sacrifice de son droit de préférence ; le préjudice qu'elle éprouverait ainsi serait souvent de beaucoup supérieur à l'indemnité dont elle est tenue (1).

207. Nous ne sommes pas de cet avis ; les parties, au moyen de la renonciation à l'hypothèque, ont voulu atteindre un but sérieux, faire produire à la convention un effet radical et absolu : ce but ne peut être atteint qu'en affranchissant de l'hypothèque les biens acquis et le prix qui les représente. Nous pensons que la femme a en même temps renoncé en faveur de l'acquéreur seulement et à son droit de suite et à son droit de préférence. On veut tirer dans la circonstance un argument d'analogie de l'article 772 du Code de procédure, qui dit que faute d'inscription de l'hypothèque légale, le droit de préférence n'est conservé sur le prix qu'autant {qu'un ordre serait ouvert dans les trois mois ; mais cet article ne s'applique qu'au cas de la purge, il serait dangereux de l'étendre par analogie et de limiter ainsi le droit de la

(1) Mourlon, Tr., II, nᵒˢ 088 et suiv.

femme ; la femme, tant que le prix n'est pas payé, n'est pas supposée avoir transmis à l'acquéreur son droit de préférence.

208. *b.* Lorsque l'acquéreur a payé tout ou partie de son prix d'acquisition, une renonciation abdicative lui serait complétement inutile, il faut toujours supposer qu'il a eu en vue une renonciation transmissive, et qu'il comptait sur l'hypothèque légale, venant au premier rang. Soit un immeuble vendu 60,000. fr : trois créanciers hypothécaires :

La renonçante	20,000 fr.
Primus	40,000
Secundus	30,000
	90,000

L'acquéreur a payé 20,000 fr. ; si la renonciation est translative, après une surenchère qui a produit 70,000 fr.,

L'acquéreur aura	20,000 fr.
Primus	40,000
Secundus	10,000
	70,000

L'acquéreur ne perdra rien ; si au contraire la renonciation est abdicative,

La femme aura	20,000 fr.
Primus	40,000
Secundus	10,000
	70,000

L'acquéreur n'aura rien et perdra 20,000 fr., car il ne sera qu'un créancier chirographaire ; c'est ce qui lui arrivera toutes les fois que le mari, vendant pour avoir de l'argent disponible, exigera un paiement partiel ou total ; il est impossible de supposer que l'acquéreur se soit exposé de gaieté de cœur à une telle ruine ; il a suffisamment montré, en ne payant que 20,000 fr. et en exigeant la renonciation de la femme, qu'il entendait jouir de son hypothèque.

B. *Renonciation tacite.*

209. La renonciation tacite produit les mêmes effets que la

renonciation expresse, au profit des tiers acquéreurs ; mais de quels actes résulte-t-elle ? On est généralement d'accord pour décider que la femme qui figure ou concourt à la vente d'un immeuble de son mari ou de la communauté, par son consentement, sa signature, est présumée avoir renoncé à son hypothèque légale au profit de l'acquéreur ; car son acquiescement à la vente est inutile et ne peut s'expliquer que de cette façon. Si cependant la femme avait seulement déclaré consentir à la vente, et que ce consentement pût s'expliquer autrement que par l'intention de renoncer, il ne faudrait pas induire de sa présence une renonciation tacite. M. Mourlon dit qu'en cette matière il faut agir avec beaucoup de circonspection et n'admettre la renonciation tacite que lorsqu'on ne peut faire autrement ; il ne faut jamais la présumer facilement.

210. Il nous paraît cependant logique d'admettre une renonciation tacite dans le cas où la femme garantit solidairement la vente ; l'acquéreur a exigé une garantie complète, il faut tenir compte de son intention et de celle de la femme, qui ne peut plus avoir le droit de subroger à son hypothèque des créanciers qui exproprieraient l'acquéreur. Ces renonciations expresses et tacites au profit des acquéreurs d'immeubles du mari, ont très-peu préoccupé le législateur, et la pratique s'en ressent ; bien souvent les actes ne contiennent pas à ce sujet toutes les indications désirables, et laissent en général ce côté de la convention assez obscur (1).

—————

Sous quels régimes matrimoniaux les femmes ont-elles capacité pour subroger à l'hypothèque légale ?

211. Nous avons eu déjà l'occasion de signaler la modification marquée qui a été apportée par le législateur de 1855 au projet de loi présenté en 1851 au Corps législatif. Le projet disait :

(1) Aubry et Rau, § 288 bis, n° 30 ; Troplong, n° 600 ; *Hyp. Tr.*, n° 332 ; Bertauld, n° 80 ; Benech, p. 58 à 65 ; Pont, *Hyp.*, n° 465 ; Cass., 26 août 1862, S., 62., I, 920 ; 30 juin 1856. S. 57, I., 260.

« Les femmes ne pourront céder leurs droits à l'hypothèque ou y renoncer que par acte authentique. » La loi de 1855 dit à son tour : « Dans le cas où les femmes peuvent céder leur hypothèque légale ou y renoncer. » Ce changement de rédaction a eu pour objet de bien établir précisément que la loi n'avait pas pour but de modifier en quoi que ce fût la législation relative aux droits de la femme mariée, en matière de cession ou de renonciation à une hypothèque légale. Il faut donc se rattacher aux principes généraux ; mais nous remarquons déjà qu'il y a des circonstances dans lesquelles la femme ne peut pas faire la renonciation. Quelles sont ces circonstances ? C'est une question de capacité qui ne peut être résolue que par l'examen des principes généraux.

212. La femme pendant le mariage est incapable de faire seule, sans l'autorisation de son mari ou de justice, aucun des actes de la vie civile ; il lui est défendu de donner, d'aliéner à titre gratuit ou à titre onéreux, d'hypothéquer, d'acquérir à titre onéreux ou à titre gratuit, sans être autorisée de son mari ; mais cette autorisation une fois donnée a pour effet de relever la femme de l'incapacité dont elle est frappée en qualité de femme mariée, et de la rendre aussi capable de l'acte pour lequel elle a été autorisée qu'elle le serait si elle était fille ou veuve. Il n'est donc pas douteux que la femme mariée sous le régime de la communauté, ou sous les différents régimes qui modifient ou excluent la communauté, puisse céder son hypothèque légale comme elle peut céder ses créances ou ses immeubles, après avoir obtenu l'autorisation de son mari.

213. Le doute commence à se produire lorsqu'on arrive au régime dotal ; ce régime est vraisemblablement le cas prévu par le législateur de 1855, dans le sens de la restriction au pouvoir conféré à la femme de céder son hypothèque. L'hypothèque, accessoire de la créance, est un droit mobilier, de telle sorte que pour donner mainlevée de l'hypothèque, la céder ou y renoncer, il suffit d'avoir la capacité d'aliéner la créance à laquelle elle est attachée. Or, la femme mariée sous le régime dotal a

une hypothèque légale qui garantit la restitution de sa dot immobilière et de sa dot mobilière. Sous ce régime, la femme a pleine capacité pour aliéner ses biens paraphernaux, elle peut donc aliéner ses créances paraphernales, ainsi que l'hypothèque qui les garantit; mais elle ne peut aliéner ni ses immeubles dotaux, ni ses reprises dotales, ni l'hypothèque qui les accompagne et les conserve : le tout est inaliénable.

214. Tous les régimes matrimoniaux permis par le Code peuvent être modifiés et fondus ensemble, depuis le régime de la communauté jusqu'au régime dotal; ainsi, la femme, en adoptant le régime de la communauté, peut très-bien stipuler que ses biens seront inaliénables comme sous le régime dotal. Mais à l'inverse, si elle adopte le régime dotal, elle peut parfaitement stipuler, dans son contrat de mariage, la faculté d'aliéner ses biens dotaux, de les hypothéquer, de traiter et transiger sur eux. Cette faculté expressément réservée entraîne-t-elle celle de céder son hypothèque légale, même celle qui garantit ses reprises dotales ? Nous n'hésitons pas à répondre aussi affirmativement que possible; certainement, même dans le cas d'une réserve aussi étendue, nous ne pensons pas que toute obligation contractée par la femme emporte de plein droit affectation de ses biens dotaux à la sûreté de son engagement; mais quand la femme aura expressément renoncé à son hypothèque au profit du créancier envers lequel elle s'oblige ou auquel elle garantit l'obligation contractée par son mari, elle use de la réserve contenue dans son contrat, et dispose valablement des sûretés hypothécaires qui garantissent ses créances dotales. Cette opinion n'est pas universellement admise. MM. Aubry et Rau soutiennent que la clause dont il s'agit doit s'interpréter restrictivement; la règle est l'inaliénabilité, et la femme n'a fait d'exception que pour l'aliénation directe de ses immeubles ou leur affectation hypothécaire. La jurisprudence a beaucoup varié sur la question; la Cour de cassation paraît vouloir faire de ce point de droit une question de fait et d'interprétation; quant à nous, nous pensons que le droit d'aliéner et hypothéquer établit une dérogation for-

melle au principe de l'inaliénabilité de la dot, et on ne voit pas trop pourquoi, pouvant aliéner, elle ne pourrait pas aussi subroger ou renoncer à son hypothèque. Il y a une analogie assez marquée entre ce cas et celui des articles 1555 et 1556 C. c.; et la Cour de cassation décide que le pouvoir de donner ses biens dotaux pour l'établissement des enfants peut s'exercer par tous les moyens propres à faciliter cet établissement, spécialement au moyen de la renonciation par la femme à son hypothèque légale.

215. Une question intéressante, mais bien plus discutée, est celle de savoir si la femme peut céder l'hypothèque légale qui garantit la restitution de sa dot mobilière; ce qui revient à se demander si la dot mobilière est aliénable. La Cour de cassation décide que la dot mobilière est, en principe, inaliénable; mais que par exception, le mari seul, en sa qualité d'administrateur et de mandataire légal à l'effet d'exercer tous les droits et actions de la femme, peut aliéner les meubles dotaux; tandis que la femme ne peut ni aliéner sa dot mobilière, ni renoncer à son hypothèque légale; la séparation de biens rend la dot mobilière complétement inaliénable. Les raisons données sont que les articles 1555 et 1556 permettent par exception d'aliéner les biens dotaux; que, dans l'ancien droit, la dot mobilière était inaliénable; que la femme dont la dot est mobilière a droit à autant de garanties que celle dont la dot est immobilière. Ce système n'a jamais été le nôtre; pour nous, la dot mobilière n'est pas soumise au régime dotal, qui ne pèse que sur les immeubles; la femme peut, avec l'autorisation de son mari ou de justice, l'aliéner, et renoncer à son hypothèque légale; dans notre opinion, il vaut mieux restreindre les effets du régime dotal que les exceptions qui peuvent y être faites dans le contrat.

216. La femme a stipulé pour elle et ses héritiers la faculté de reprendre, en renonçant, son apport franc et quitte des dettes de la communauté, même des dettes qu'elle aurait elle-même contractées ou qui résulteraient de condamnations prononcées contre elle. Cette clause n'entraînerait pas, selon nous, soumission au régime dotal, qui est tellement contraire à l'ensemble des lois françaises, qu'on a exigé avec raison une déclaration

expresse, une stipulation formelle du choix de ce régime. Dans le cas de cette clause, la femme pourra parfaitement subroger à son hypothèque légale.

217. Une dernière question : quels sont les immeubles soumis à l'hypothèque légale des femmes mariées? L'hypothèque frappe tous les immeubles présents et à venir du mari, mais n'affecte définitivement que ceux dont il est devenu propriétaire incommutable. Si une de ses acquisitions se trouvait soumise à une condition résolutoire, l'hypothèque de la femme et la subrogation qu'elle y consentirait seraient soumises à la même condition; les articles 952 et 1054 apportent une modification à cette règle. Sous le régime de la communauté, l'hypothèque légale frappe également les conquêts, mais ses effets sont plus ou moins complets, selon que la femme renonce à la communauté ou l'accepte. — a. Si les immeubles n'ont pas été aliénés pendant le mariage, que la femme accepte ou renonce, tous les immeubles qui restent au mari sont grevés de l'hypothèque. — b. S'ils ont été aliénés pendant le mariage, quand la femme accepte, elle a été, comme commune, représentée par son mari dans l'aliénation des biens communs, elle n'a eu aucune hypothèque sur ces biens, cette hypothèque s'accorderait mal avec les pouvoirs du mari et la confiance que les tiers doivent avoir dans la communauté; mais la femme pourrait exercer son hypothèque contre les tiers qui auraient acquis des conquêts depuis la dissolution du mariage. Quand la femme renonce à la communauté, les conquêts sont réputés avoir toujours été la propriété du mari, la femme est réputée n'avoir jamais été commune, elle jouit donc de son hypothèque légale et peut y subroger valablement; cette hypothèque peut s'exercer sur les conquêts aliénés par le mari pendant le mariage. Mais les conquêts qui ont été attribués à la femme par suite du partage doivent être considérés comme n'ayant jamais été soumis à son hypothèque légale, les créanciers qu'elle y a subrogés ne peuvent donc faire valoir aucun droit hypothécaire sur ces biens, puisque la femme est censée, dès le moment de leur acquisition, en avoir été propriétaire exclusive.

POSITIONS.

DROIT ROMAIN.

La novation par changement de créancier, appliquée à la cession des créances, ne laissait pas subsister l'obligation primitive; elle éteignait cette première obligation, et en créait une seconde.

Le cessionnaire ne peut invoquer que les *privilegia causœ*; il ne peut se prévaloir des *privilegia personœ*.

La Constitution de Gordien (Code, 8, 42; loi 3) s'applique à la *procuratio in rem suam*. Le mandat donné au *procurator in rem suam* était, avant cette Constitution, révocable jusqu'à la *litis contestatio*.

Lorsque le mari, sur la délégation de la femme a stipulé *dotis causá* du débiteur de celle-ci, est-ce la femme ou le mari qui supporte les risques de l'insolvabilité du débiteur? — En principe, la femme, à moins que le mari n'ait été négligent à poursuivre, ou qu'il n'ait pris les risques pour son compte.

DROIT FRANÇAIS.

CODE CIVIL.

Les renonciations abdicatives de l'hypothèque légale sont soumises aux conditions d'authenticité et de publicité prescrites par la loi du 23 mars 1855.

14

L'inscription de l'hypothèque légale prise par le subrogé ne profite pas à la femme, lors même que le subrogé aurait pris l'inscription en son nom et au nom de la subrogeante, s'il n'avait pas reçu mandat à cet effet, ou s'il n'était pas son créancier personnel.

La renonciation tacite à l'hypothèque légale est permise ; mais elle ne peut s'induire du seul fait que la femme s'est obligée solidairement vis-à-vis d'un créancier de son mari, à moins que l'engagement de la femme n'ait lieu dans l'acte même par lequel le mari constitue une hypothèque au créancier ; ou que la femme, prenant un engagement postérieur, ne s'associe à la constitution d'hypothèque.

La femme mariée sous le régime dotal peut céder l'hypothèque légale qui garantit ses reprises mobilières.

PROCÉDURE CIVILE.

Lorsqu'une femme mariée sous le régime dotal n'a pas de biens paraphernaux, elle est au nombre des personnes notoirement insolvables qui ne peuvent, aux termes de l'article 711 du Code de procédure, être admises à former une surenchère sur aliénation forcée.

Les tribunaux peuvent accorder des délais au débiteur poursuivi même en vertu d'un titre exécutoire.

DROIT ADMINISTRATIF.

Les travaux communaux faits dans l'intérêt public de la commune, sont des travaux publics motivant la compétence des Conseils de préfecture.

La responsabilité des communes établie par la loi du 10 vendémiaire an IV, est encourue quand même il s'agirait d'actes de rébellion à main armée, ayant pour but de renverser le gouvernement.

DROIT COMMERCIAL.

Les actions émises en augmentation du capital social ne tombent pas sous le coup de l'article 1er de la loi de 1867.

Dans le cas où le contrat de construction à forfait d'un navire ne pourrait être exécuté par suite de la faillite du constructeur, le capitaliste qui a fait des versements partiels devient, au moment de la faillite, propriétaire du navire commencé, d'après le principe de l'article 1178 du Code civil.

CODE PÉNAL.

La loi pénale punit l'homicide exécuté d'après les ordres de la victime.

Les circonstances aggravantes ou les excuses affectant seulement la culpabilité personnelle, ne doivent pas étendre leur effet de l'auteur principal au complice, et réciproquement ; mais toute cause d'aggravation ou d'excuse qui affecte la criminalité même du fait, réagit sur le complice sans distinguer s'il en a eu ou non connaissance.

Vu par le président de la thèse,

LANUSSE.

Vu par le doyen de la Faculté de Droit,

A. COURAUD

Permis d'imprimer.

Le Recteur,

SEGUIN.

TABLE DES MATIÈRES

—

DROIT ROMAIN.

DE LA CESSION DES CRÉANCES.

—

DROIT FRANÇAIS.

DE LA SUBROGATION A L'HYPOTHÈQUE LÉGALE DE LA FEMME MARIÉE.

Bordeaux. — Impr. de J. Delmas, rue Ste-Catherine, 139.

www.ingramcontent.com/pod-product-compliance
Lightning Source LLC
Chambersburg PA
CBHW070511200326
41519CB00013B/2774